GORDON RAMSAY

KULINARISCHE ABENTEUER

CHRISTIAN

Für die Dreharbeiten zu *Kulinarische Abenteuer* trotzte Gordon Dschungeln, Klippen und Vulkanen, um die besten Zutaten ausfindig zu machen und regionale Kochtechniken zu erkunden.

GORDON RAMSAY

KULINARISCHE ABENTEUER

ZU BESUCH BEI DEN BESTEN KÜCHENMEISTERN IN ALLER WELT

INHALT

Würziges aus Marokko: »Marokkanische Harissa-Karotten« und »Rinderschmortopf mit Ras el-Hanout« (Kapitel 2).

EINLEITUNG | 6

KAPITEL 1 **Das Heilige Tal von Peru** | 24

KAPITEL 2 **Die Berge Marokkos** | 40

KAPITEL 3 **Laos und der große Mekong** | 56

KAPITEL 4 **Neuseelands rauer Süden** | 70

KAPITEL 5 **Die Hana-Küste von Hawaii** | 86

KAPITEL 6 **Südafrikas Wildnis** | 102

KAPITEL 7 **Norwegens Wikingerland** | 118

KAPITEL 8 **Die Gewürzmärkte Indiens** | 134

KAPITEL 9 **Küstenabenteuer in Kroatien** | 148

KAPITEL 10 **Unglaubliches Island** | 162

KAPITEL 11 **Portugals zerklüftete Küste** | 178

KAPITEL 12 **Die Küste von Maine** | 192

KAPITEL 13 **Die Great Smoky Mountains** | 210

KAPITEL 14 **Üppiges und wildes Puerto Rico** | 228

KAPITEL 15 **»Holy Mole« Mexiko** | 244

KAPITEL 16 **Englands Jurassic Coast** | 260

DANK | 276
BILDNACHWEIS | 277
REGISTER | 279
ÜBER DEN AUTOR | 287

EINLEITUNG

LOS GEHT'S! Begleiten Sie mich auf abenteuerlichen Pfaden, auf eine kulinarische Erkundungstour, auf die Suche nach außergewöhnlichen Zutaten, Aromen, Gerichten und Kulturen, die weltweit einzigartig sind. Wir reisen an 16 Orte, um der lokalen Küche ihre Geheimnisse zu entlocken – so wie in *Gordon Ramsay: Kulinarische Abenteuer*, der gleichnamigen *National Geographic*-Fernsehserie.

Kulinarische Abenteuer – der Titel war von Anfang an Programm. Es war mir wichtig, die heimische Küche zu verlassen und in unbekannte Kochwelten vorzustoßen. Und das nicht zum ersten Mal. Bereits für *Gordon's Great Escape* (2010 und 2011 auf dem britischen Sender Channel 4) tauchte ich tief ein in die Kochtraditionen von Indien, Thailand, Kambodscha, Malaysia und Vietnam. Heute, da Reisende sich noch stärker für die Geschichte und Bedeutung lokaler Gerichte und Zutaten interessieren, begebe ich mich auf eine neue Abenteuerreise.

Kulinarische Abenteuer bringt Ihnen die Küche verschiedener Weltgegenden durch die Augen eines Chefkochs näher. Vor Ort einzutauchen und mit anzupacken, eröffnete mir ein tiefes Verständnis für die Küchen dieser Kulturen. Und Sie können hautnah dabei sein!

Feierlicher Abschluss: Das große Kochduell vor der Kulisse des Marshall Point Lighthouse auf der Halbinsel St. George (Maine).

Die Kapitel in diesem Buch folgen grob den ersten drei Staffeln der TV-Serie. Während meiner Reisen fühlte ich mich zurückversetzt in meine zwanziger Jahre, als ich auf der Hotelfachschule war. Meine erste Kochuniform und mein Kochmesser bekam ich von einem Wohlfahrtsverein, was mich motiviert hat, besonders eifrig zu lernen und selbstsicherer zu werden. Ich war zielstrebig und begierig, jede Information in mich aufzusaugen wie ein Schwamm. Ich lernte von der Pieke auf. Zugleich war ich verletzlich, war auf der Suche nach mir selbst. Dieses Gefühl kam wieder während der Dreharbeiten zu *Kulinarische Abenteuer*.

So erfolgreich ich heute auch bin, ich besinne mich gern auf das Wesentliche meiner Ausbildung zurück. Ich liebe es, mit allen auf derselben Stufe zu stehen, als Mitglied eines Teams, nicht als Chef. Wo ich auch bin, es reizt mich, auf die Menschen vor Ort zu vertrauen, auf ihre umfassende Erfahrung und ihre Kenntnisse, während ich nur meine Geschmacksknospen mitbringe und mit Kochmessern umzugehen weiß. Daheim in den Restaurantküchen meckern wir, wenn der weiße Spargel aus Frankreich mit einem Tag Verspätung ankommt, weil uns das nicht in die Menüplanung passt. An den Orten, die ich für *Kulinarische Abenteuer* besucht habe, sind die Chefköche und -köchinnen Selbstversorger, die auf lokale Zutaten in einem Umkreis von 80 km angewiesen sind.

Meine Reisen rund um die Welt eröffnen mir die Chance, das Thema Essen aus der Perspektive eines Neueinsteigers zu betrachten, meine Erwartungen außen vor zu lassen und die Dinge mit ganz neuen Augen zu sehen. Ich bereite mich kaum auf die Orte vor, die ich besuche; ich möchte jedem Ziel frei und unvoreingenommen begegnen. Aber ich verspüre auch eine leichte Nervosität – schließlich will ich niemanden enttäuschen. Doch das Beste, was ich tun kann, ist loszulassen, den lokalen Köchen die Führung zu überlassen, mich auf das einzulassen, was sie mir zeigen und erzählen. Meine Aufgabe ist es, zuzuhören und Wissen aufzusaugen.

LANDESTYPISCH
Oben: Die St.-Andreas-Kirche erhebt sich über dem Dorf Mošće, Kroatien. Unten: Frische Lebensmittel gibt es im Überfluss auf den Märkten Marokkos.

Dabei kommt es darauf an, die Zusammenhänge zwischen Zutaten und Kultur wirklich zu begreifen. Ich freue mich, wenn ich diese kulinarischen Traditionen mit meinen Zuschauern teilen kann, wenn ich erfahre, dass sie etwas Neues kennengelernt haben oder es kaum erwarten können, das eine oder andere Gericht selbst auszuprobieren. Dieses Abenteuer ist ohnegleichen. Ich freue mich, gemeinsam mit National Geographic dem Thema Essen abermals seinen gebührenden Platz einräumen zu dürfen.

Auf jeder Reise dreht sich alles ums Essen und darum, die kulinarischen Geheimnisse der jeweiligen Destination zu ergründen. Wir haben mehr als ein Dutzend Orte bereist und von jedem etwas Besonderes mitgenommen. Das Wesentliche dabei ist die Einfachheit des Geschmacks lokal geernteter Zutaten. So schenkt uns die Erfahrung ein besseres Verständnis der Kultur und Geschichte jedes Orts.

Ich möchte die geschmacklichen Wege einer Region erkunden, ihre Küchengeheimnisse Schicht für

Auf jeder Reise dreht sich alles ums Essen und darum, die kulinarischen Geheimnisse der jeweiligen Destination zu ergründen.

GANZ ODER GAR NICHT
Das große Kochduell im Südosten von Texas: Flammen lodern über dem Grill, als Gordon die Steaks in Angriff nimmt.

Schicht entblättern, um die Wurzel ihres kulinarischen Ansehens freizulegen. Und ich möchte, dass mich die lokalen Köchinnen und Köche an die Hand nehmen – sie spielen auf meiner Entdeckungsreise eine zentrale Rolle. Am Ende eines jeden Abenteuers überlege ich, wie ich das, was ich gelernt habe, mit Respekt auf den Tisch bringen kann.

Als Koch beschaffe ich mir meine Zutaten nicht immer selbst, sondern verlasse mich meist auf meine Lieferanten. Dabei entgeht mir die Reise dorthin, wo das Abenteuer kulinarischer Kreationen seinen Anfang nimmt. *Kulinarische Abenteuer* hat mir einige der besten Einblicke in Elemente und Methoden rund um das Thema Essen beschert. Es war ein guter Weg, aus ursprünglichen Quellen zu schöpfen, ein Weg, der mich weiter führte als jede andere Erfahrung.

Zu einer Abenteuerreise gehören Herausforderungen ebenso wie Erfolge. Wilde Natur folgt keinem Zeitplan. In schwer zugänglichen Gegenden gilt: Jagd und Nahrungssammeln sind Überlebensgrundlage. Auch das Wetter spielt nicht immer mit. Man muss sich nach der Dauer des Tageslichts richten. Solche Herausforderungen haben herausragende Küchenmeister hervorgebracht, mit einem großen Wissen über teils uralte Kochtraditionen und die besten Zeiten zur Beschaffung bestimmter Zutaten.

Auch ich muss diese Widrigkeiten erfahren, bekomme nicht immer die gewünschten Zutaten und bin mitunter gezwungen, meinen Kurs zu ändern und neue Wege einzuschlagen. Aber ich will nichts unversucht lassen. Auch wenn es mal nicht so läuft wie geplant, wenn ich den Fisch nicht fange oder ein Gericht nicht perfekt hinbekomme, will ich die Geschichte erzählen. Diese Momente der Enttäuschung sind wichtig. Sie zeigen die Realität, wie sie ist – man kommt eben nicht immer mit der erhofften Zutat nach Hause. Enttäuschungen führen uns vor Augen, wie vielfältig die Herausforderungen für die lokalen Köche tagtäglich sind. Ausreden gibt es nicht. Klappt es heute nicht, dann klappt es morgen.

Auch wenn ich am Ende meiner Zeit an einem Ort etwas von der Kultur verstanden habe und mit einem guten Gefühl zum großen Kochduell antrete, kann es sein, dass ich im letzten Moment improvisieren muss. Ein Gericht ist für mich wie ein großes kulinarisches Puzzle: Das Bild fügt sich langsam zusammen, doch oft wirft man kurz vor Schluss alles wieder über den Haufen und fängt von vorne an.

Drei Staffeln *Kulinarische Abenteuer* und eine Staffel *Uncharted Showdown* haben in mir eine Vision reifen lassen, wo ich als Chefkoch letztlich hinmöchte. Ich bin immer bereit zu lernen. Ich möchte mein Repertoire erweitern. Ich möchte immer noch die Verletzlichkeit meines 22-jährigen Ichs spüren, damals in Paris, auf meinem Weg der Selbstentdeckung, mit einem Gehalt, das kaum für die Miete reichte. Es fühlt sich gut an, nach drei Jahrzehnten hinterm Herd, neuen Herausforderungen zu begegnen.

Der tiefe Respekt für all diese Orte sowie der authentische Einblick in Kulturen auf dem Weg über ihre Küche – das kann leicht auf der Strecke bleiben, wenn man all das in schriftlicher Form von Koch zu Koch weiterzugeben versucht. Ich hatte das große

Die besondere Magie dieser verschiedenen Orten »schmecken« zu dürfen, war ein einmaliges Geschenk!

DEN WASSERFALL HINUNTER!
Great Smoky Mountains (North Carolina): Gordon seilt sich seitlich an einem Wasserfall ab.

Glück, die Essenz eines jeden Gerichts zu verstehen, da ich im Moment der Zubereitung unmittelbar dabei sein durfte. Die besondere Magie dieser verschiedenen Orte »schmecken« zu dürfen, war ein einmaliges Geschenk!

In *Kulinarische Abenteuer* geht es nicht nur um einzigartige lokale Zutaten, sondern auch um Kochmethoden: Wie wird ein Gericht zubereitet? Wie wird Feuer gemacht? Wie schneidet man einen Falterfisch? Vielleicht ist es sogar gut, dass wir nicht alles einfach so einpacken und mit nach Hause nehmen können, denn Aroma und Frische entfalten sich allein vor Ort und sind unabdingbarer Bestandteil des Ganzen. Zur traditionellen Kochmethode der Māori gehört es etwa, mit der Schaufel einen Erdofen (*hangi*) auszuheben, die vorbereiteten Speisen dann in Körben auf heißen Steinen im Erdloch zu platzieren, mit nassen Tüchern abzudecken, alles wieder zuzuschaufeln und abzuwarten im Vertrauen darauf, dass Hitze und Zeit die Arbeit erledigen. Die Kontrolle abzugeben und loszulassen, war für mich eine wertvolle Erfahrung.

Abzureisen fällt mir jedes Mal schwer. Und kaum bin ich fort, packt mich das Heimweh nach diesen Orten. Diese tiefe Verbundenheit bleibt mir erhalten – stärker vermutlich, als wenn ich einfach ein paar Restaurants abgeklappert hätte.

Verbunden bleibe ich auch mit den Menschen, die mir den Weg zu den Aromen ihrer Heimat gezeigt haben, sowie mit meinem Filmteam, das mich begleitet hat. Ich bin dankbar, meine gesammelten Erfahrungen in diesem Buch mit Ihnen teilen zu dürfen! Genießen Sie dieses globale Festmahl – das uns alle zusammenbringt und uns die Welt, in der wir leben, näherbringt. Guten Appetit!

Im Südwesten Indiens: Zusammen mit Chefköchin Shri Bala genießt Gordon frisches Kokoswasser.

West-Sumatra (Indonesien): Gordon steckt mitten in der Zubereitung von Rinder-Rendang, als plötzlich ein Schauer losbricht und er kurzerhand eine Pfanne zum Regenschirm umfunktioniert.

Der neuseeländische Fischer Zane zeigt Gordon, wie man Paua-Muscheln öffnet, einen der wertvollsten Schätze des Meeres.

Laos: Gordon ist auf dem Weg nach Don Tan, um Lao-Lao zu probieren, einen hochprozentigen lokalen Schnaps.

Gordon und die neunjährige Fatima verwenden einen traditionellen Mörser und Stößel, während sie ein Festessen zur großen Neujahrsfeier der Berber (*amazigh*) zubereiten.

Familienessen nach einem langen Kochnachmittag – geschmortes Meerschweinchen und Lawa de Chuño, ein traditioneller Anden-Eintopf mit Lammfleisch.

KAPITEL 1

DAS HEILIGE TAL

VON PERU

In schwindelnden Höhen – traditionelle Zutaten und Gerichte der Inka-Kultur.

Die Inka-Ruinen von Moray hoch in den Anden – wie eine wogende Welle wirken die kreisförmigen Terrassen nahe der Stadt Cusco.

V**OR MEHR ALS 500 JAHREN** war das Heilige Tal (Quechua: Wilka Qhichwa) das Herz des Inka-Reichs. Die frühen Bewohner dieser heute zu Peru gehörenden Region schätzten die vielen Höhenstufen, die unterschiedliche Mikroumgebungen für die Landwirtschaft boten, und bauten Terrassenfelder, um den vorhandenen Raum für den Anbau zu vergrößern. Man geht davon aus, dass die wie ein Amphitheater angelegten Terrassen von Moray ein landwirtschaftliches Versuchsgelände waren, wo die Inka auf den einzelnen mikroklimatischen Stufen mit allerlei Nutzpflanzen und Anbaumethoden experimentierten. Hier in den Anden, wo 85 der 110 Klimazonen der Welt liegen, beeinflusst die Höhe alles, vom Geschmack der Produkte bis hin zur Siedetemperatur des Wassers. Die über Jahrhunderte gewachsenen Traditionen der Anden-

Durch nichts aus der Ruhe zu bringen – ein Alpaka vor den Ruinen von Ollantaytambo.

KURZ-INFO

ORT

Machu Picchu, die alte Inka-Stadt in Peru, gehört auf jede Bucket List. Doch im drittgrößten Land Südamerikas gibt es so viel mehr zu entdecken – von Sandstränden bis zu üppigen Regenwäldern.

GEOGRAFIE

Der Amazonas-Regenwald bedeckt knapp die Hälfte der Landfläche Perus, 10 Prozent sind Küstenwüste. In den schneebedeckten Anden wartet Peru mit ganzen 85 der 110 Klimazonen der Welt auf.

FOOD FACT

Im Hochland von Peru gedeihen über 4000 Kartoffelsorten.

Die indigenen Gemeinschaften bewahren uralte lokale Anbau- und Kochmethoden, die andernfalls verloren gingen.

Küche sind hier noch gegenwärtig. Vieles hat sich zwar verändert, nicht aber die Vielfalt der Ökosysteme im 109 km langen Heiligen Tal. Die altbewährten Praktiken und Zutaten sind immer noch ein bestimmender Teil des Lebens im Anden-Hochland.

»Die Nahrungsmittel hier sind naturbelassen«, erklärt mir Sternekoch Virgilio Martínez Véliz, während wir auf einer Felsbank hoch über dem Heiligen Tal Alpaca-Dörrfleisch essen. »Die Bezeichnung *Bio* hat hier keine Bedeutung, alles ist *Bio*.« Virgilio ist berühmt für seine moderne Version der Küche aus großen Höhen. Mit seinem Restaurant Mil in Moray hat er einen Ort geschaffen, wo neue peruanische Küche und alte Landbautraditionen kreativ zusammenfinden. Die indigenen Gemeinschaften hier sind tief verbunden mit der Natur und wissen, wie die Höhe das Aroma beeinflusst und wie wichtig der Respekt für den Boden ist. Sie sind Experten für uralte lokale Anbau- und Kochmethoden, die andernfalls vielleicht verloren gingen. Und diese auf moderne Weise zu nutzen, trägt dazu bei, sie lebendig zu halten und jungen Generationen nahezubringen.

Später treffe ich auf einem Feld, vor der Kulisse der imposanten Anden, den »verrückten Kartoffelwissenschaftler« und Kartoffelbauer in vierter Generation, Manuel Choqque Bravo. Er kreuzt Kartoffelarten, die schon von den Inka und anderen Anden-Völkern genutzt und kultiviert wurden. Über 4000 einheimische Kartoffelsorten gedeihen in diesen Höhenlagen. Da Kartoffeln selbstbefruchtend sind, also männliche und weibliche Blüten in einer Pflanze tragen, erfolgt die Kreuzung durch sorgsame Handbestäubung. Manuel hat mehr als 70 pigmentierte Hybriden gezüchtet. Die spektakulärsten sind innen tiefviolett oder rot, je nach Anbaulage. Je höher, desto intensiver ist die Färbung, da sie die Kartoffeln vor der starken UV-Strahlung in großer Höhe schützt.

Selbst Manuels selbst gebrautes Bier, Chicha de Jora, traditionell hergestellt aus fermentiertem Mais, ist Anden-Natur pur. Chicha de Jora kam im 15. Jahrhundert während der Herrschaft von Túpac Inca Yupanqui auf. Manuel nennt seine Variante Fru-

REISE-EINMALEINS

HÖHENKRANK

Wer in die peruanischen Anden reist, wähnt sich in Machu Picchu oft in größerer Höhe als in Cusco im Heiligen Tal. Aber das Gegenteil ist der Fall: Machu Picchu liegt auf 2430 m über dem Meeresspiegel, während das Heilige Tal auf 2743 m und Cusco auf 3399 m liegen. Mit der Höhe ist nicht zu spaßen – man sollte sie ernst nehmen, viel Wasser trinken und sich Zeit lassen. Experten empfehlen, bis zu sechs Tage einzuplanen, um sich an die Höhe zu gewöhnen, und den Alkoholkonsum auf ein Minimum zu beschränken.

FRISCH GEERNTET
Grüne Wildkräuter, alte Kulturpflanzen, buntes Markttreiben – Peru bietet eine Vielfalt an Farben und Aromen, ein wahres Fest für Augen und Gaumen.

SCHLAGLICHT

CHEFKOCH UND GASTRONOM VIRGILIO MARTÍNEZ VÉLIZ

Virgilio Martínez Véliz, aufgewachsen in Lima, wollte schon immer Koch werden. Nach seiner Ausbildung in der Londoner Kochschule Le Cordon Bleu arbeitete er auf der ganzen Welt, auch im Gourmettempel Lutèce in New York. Nach zehn Jahren kehrte er in seine peruanische Heimat zurück, wurde Chefkoch im Astrid y Gastón, dem Flaggschiff von Gastón Acurio, um dann Perus Küche nach Madrid und Bogotá zu exportieren. 2008 eröffnete Virgilio ein eigenes Restaurant, das Central in Lima, kulinarisch inspiriert vom Pazifik und den Anden. Es folgte ein zweites Restaurant in London, das Lima, mit je einem Ableger in London (Lima Floral) und Dubai.

»Die Anden-Region in Peru ist sehr artenreich, doch bei der Beschaffung von Zutaten geht es um mehr, um den Respekt vor Traditionen, um den Kontakt zu lokalen Bauern, um die Ursprünglichkeit der Nahrung«, so Virgilio. Er ist Mitbegründer der Initiative Mater Iniciativa mit dem Ziel, die Biodiversität zu erhalten und ein Netzwerk zu schaffen, das auf einem nachhaltigen Verständnis von Nahrung, Kulturen und Umwelt basiert. Sein Restaurant Mil in Moray im Heiligen Tal feiert die altperuanische Küche, die Wiederverbindung mit der eigenen Vergangenheit. Und die beginnt gleich vor der Tür, denn dort liegen die alten landwirtschaftlichen Terrassen der Inka.

Gordon und Virgilio Martínez Véliz bei der Vorbereitung eines peruanischen Gerichts, das im traditionellen *huatia* (Erdofen) auf Glut gegart wird.

Das Heilige Tal in Peru ist eine reiche, grüne Oase in großer Höhe.

Dörfer säumen den Urubamba-Fluss im Heiligen Tal am Fuße der hoch aufragenden Anden.

tillada, denn er gibt Erdbeeren hinzu, die dem Bier eine leichte Süße verleihen. Inzwischen stellt Manuel sogar seinen eigenen »Wein« aus vergorenen Oca-Kartoffeln her. Herausgekommen ist eine vierteilige Produktlinie namens Miskioca (Quechua für »süßer Oca«) in den Weinfarben Weiß, Orange, Rosé und Rot, die vom Alkoholgehalt und Aussehen her mit üblichen Rebweinen durchaus mithalten können.

An einem der höchsten Orte im Heiligen Tal bin ich zum Abendessen bei einer Familie eingeladen, die Feldbau noch nach alten Inka-Methoden betreibt. In der einfachen Küche wuseln Meerschweinchen (Cuy) rund um den mit Kuhdung befeuerten Herd – für künftige Mahlzeiten. Wir machen Lawa de Chuño, eine dicke Suppe aus gefrosteten Chuños – Kartoffeln, die mehrere Tage und Nächte draußen lagern, nachts gefrieren und tags auftauen. Die Chuños werden mit den Füßen zerdrückt, um die Schalen zu entfernen und letzte Tropfen Flüssigkeit herauszuquetschen. Anschließend werden die Kartoffeln zu Chuño-Mehl vermahlen, das sich mit Lamm, Reis, grünen Bohnen und Kartoffelscheiben sämig verbindet – eine geschmackliche Offenbarung.

Um in einer so abgelegenen Region zu überleben, braucht es neben Kartoffeln auch andere Zutaten. Den proteinreichen *suksakuro* (Kaktuswurm) etwa, der in der stachelblättrigen *achupalla* lebt, die auf Felssimsen wächst. Nur kurz in Olivenöl anschwenken, fertig. Kaktuswürmer schmecken angeblich nach Garnele und Tintenfisch, mich erinnerten sie eher an knusprige Kakerlaken. Wobei, wenn ich hier leben würde und tagtäglich auf Nahrungssuche gehen müsste, könnte ich vielleicht auf den Geschmack kommen.

Auf 3350 m Höhe, zwischen Cusco und Heiligem Tal, bietet der kristallklare Huaypo-See einmalige Ausblicke. Der See ist Heimat des peruanischen Ehrenfischs, Hauptnahrungsmittel im Heiligen Tal. Ich fange nur einen einzigen winzigen Fisch, doch mein Angelführer Domingo und ich machen daraus eine richtige Mahlzeit, füllen ihn mit einer Paste aus Kreuzkümmel, Knoblauch, Salz und Huacatay (einem aromatischen Würzkraut) und braten ihn mit ... Kartoffeln (was sonst). Die Paste unterstreicht das süßliche Aroma des zarten Fischfleischs – köstlich!

Im Cajabamba-Dschungel treffe ich eine Familie, die unglaublich saftige Mangos haben soll. Früchte, die in großer Höhe wachsen, weisen häufig einen höheren Zuckergehalt auf als ihre Artgenossen im Tiefland. Die intensive Sonne und die geringe Luftfeuchtigkeit machen sie besonders süß und aromatisch – und zu meiner Geheimwaffe im Kochduell gegen Virgilio. Gut, die Zubereitung auf einem *huatia*, dem traditionellen Erdofen der Inka, ist nichts, womit ich gerechnet hatte. Die Herausforderung könnte nicht größer sein, aber ich habe inzwischen viel über uralte Zutaten und Kochmethoden gelernt. Tatsächlich wird meine Alpaca-Lende mit einer Marinade aus Mango und Chili zum besten Gericht gekürt.

Das Heilige Tal ist eine reiche, grüne Oase in großer Höhe. Was für eine unglaubliche Woche! In den peruanischen Anden habe ich eine faszinierende kulinarische Kultur entdeckt, die die Geheimnisse der Inka nutzt. Dank überwältigendem Einfallsreichtum und Zutaten, die von der Höhe bereichert werden, sticht das Essen hier jedes Sternerestaurant aus. Atemberaubend, in mehr als einer Hinsicht!

HINTER DEN KULISSEN

WÜRMER ERNTEN

Eine ausgezeichnete Proteinquelle sind *suksakuro*-Würmer aus dem Inneren wilder *achupalla*-Pflanzen. Achupallas ähneln kleinen Agaven, sind aber eng mit Bromelien verwandt und wachsen auf schwer zugänglichen Felssimsen hoch über dem Heiligen Tal. Um ihren kulinarischen Inhalt zu »ernten«, musste ich sogar das Lasso schwingen, während ich über der Klippe hing und hoffte, dass sich die Mühe am Ende lohnen würde. Leider aber war der Wurm-Geschmack (der Garnelen und Tintenfisch ähneln soll) nicht so ganz mein Fall.

Gordon lernt peruanische Kaktuswürmer kennen.

MANUELS KARTOFFELN IN ENTENFETT GEBRATEN

MIT HONIG UND QUESO FRESCO

Rezept von
Manuel Choqque Bravo

ZUTATEN FÜR 4 PERSONEN

25 Babykartoffeln (verschiedenfarbig), geschrubbt und gewaschen

2 EL Salz

3 EL Entenfett

1 TL Rauchsalzflocken

1 TL frisch gemahlener schwarzer Pfeffer

1 TL frische Thymianblätter

1 EL Honig

120 g Queso Fresco (ersatzweise Feta-Käse), zerbröckelt

ZUBEREITUNG

1. Die Kartoffeln in einen Topf geben und mit Wasser bedecken. Das (normale) Salz hinzugeben, das Ganze zum Kochen bringen, dann herunterdrehen und die Kartoffeln etwa 20 Minuten köcheln, bis sie gar sind.

2. Die Kartoffeln abgießen und abkühlen lassen.

3. Sobald die Kartoffeln handwarm sind, vorsichtig mit der Handfläche einzeln auf jede Kartoffel drücken, bis sie leicht angedrückt ist; darauf achten, dass sie nicht auseinanderbricht.

4. Eine große Gusseisenpfanne auf mittlere Temperatur erhitzen und das Entenfett hineingeben.

5. Die Kartoffeln einzeln in nur einer Schicht in das heiße Fett geben und, falls erforderlich, portionsweise nacheinander braten.

6. Die Kartoffeln auf der Unterseite goldbraun braten, dann wenden und die andere Seite kross ausbraten, etwa 5 Minuten pro Seite.

7. Mit Rauchsalzflocken, Pfeffer und Thymianblättern würzen.

8. Die knusprigen Kartoffeln auf einer Platte anrichten, mit dem Honig beträufeln und mit dem zerbröckelten Queso Fresco bestreuen.

GEGRILLTES SCHWEINEFILET IN GEWÜRZ-CHILI MARINIERT

MIT PISCO, MANGO-GASTRIQUE UND KAMILLE-RAUCHSALZ

ZUTATEN FÜR 4 PERSONEN

1 ganzes Schweinefilet (à 750 g), pariert

CHILI-MARINADE

120 g Chilipaste (vorzugsweise Aji-Amarillo-Püree)

2 EL Leinöl

1 EL fein gehackter Knoblauch

Saft und Abrieb von 1 großen unbehandelten Orange

2 TL Salz

1 TL frisch gemahlener schwarzer Pfeffer

1 EL getrocknete Kamillenblüten, zerdrückt

1 TL Fenchelpollen

1 TL Fenchelsamen, geröstet und gemahlen

MANGO-GASTRIQUE

1 reife Mango, geschält, entsteint und gehackt

1 Habanero-Chili, ohne Stiel und Samen

1 TL Rohrzucker

60 ml Pisco (Destillat aus Traubenmost)

3 EL Honig

2 EL Chinkiang-Essig (schwarzer Reisessig)

½ TL Salz

KAMILLE-RAUCHSALZ

2 EL Rauchsalzflocken

1 TL getrocknete Kamillenblüten, zerdrückt

½ TL Fenchelpollen

ZUBEREITUNG

1. Für die **Chili-Marinade** in einer großen Rührschüssel alle Marinade-Zutaten verquirlen.

2. Das Filet in eine 5 cm tiefe Auflaufform geben und mit der Marinade begießen. Zugedeckt im Kühlschrank mindestens 6 Stunden marinieren.

3. Für die **Mango-Gastrique** Mango und Habanero in einen Mixer geben und pürieren. Das Mango-Chili-Püree mit dem Rohrzucker in einen kleinen Stieltopf geben und bei mittlerer Temperatur 10 Minuten köcheln, bis die Sauce reduziert ist und zu karamellisieren beginnt.

4. Den Pisco hinzugeben und 1 Minute einkochen. Dann die Sauce mit Honig, Essig und Salz abschmecken. Die Hälfte der Gastrique zum Servieren des Schweinefilets beiseitestellen.

5. Für das **Kamille-Rauchsalz** in einer kleinen Rührschüssel alle Zutaten für das Salz vermischen.

6. Den Backofengrill auf 200 °C vorheizen.

7. Das Schweinefilet unter dem Grill von allen Seiten scharf anbraten.

8. Das Schweinefilet aus dem Backofen nehmen und mit der Mango-Gastrique bestreichen. Das Fleisch immer wieder mit der Gastrique begießen, bis es glänzend goldbraun ist, und so lange im Ofen weitergaren, bis das Fleischthermometer 62 °C Kerntemperatur anzeigt (medium), etwa 20 Minuten.

9. Das Fleisch 10 Minuten ruhen lassen, dann in Medaillons schneiden.

10. Mit dem Kamille-Rauchsalz bestreuen und die übrige Gastrique löffelweise darüber verteilen.

RINDERFILET-ANTICUCHOS

MIT QUINOA

Rezept von
Virgilio Martínez Véliz

ZUTATEN FÜR 4 PERSONEN

1 kg Rinderfilet, in 5 cm große Würfel geschnitten

ANTICUCHERA-MARINADE

180 g Chilipaste (vorzugsweise Aji-Panca-Chilipaste)*

180 ml Rotweinessig

180 ml Pflanzenöl

40 g Knoblauchpaste

2 TL gemahlener Kreuzkümmel

2 TL getrockneter Oregano

2 TL Salz

1 TL frisch gemahlener schwarzer Pfeffer

QUINOA

250 ml Chicha de Jora (Maisbier)* oder helles Bier

180 g Quinoa, abgespült

2 EL Sacha-Inchi-Öl (Inka-Nuss-Öl) oder Sesamöl

Meersalzflocken

** Diese Zutaten bekommt man online oder in südamerikanischen Feinkostläden.*

ZUBEREITUNG

1. Für die **Anticuchera-Marinade** alle Zutaten in eine große Rührschüssel geben und verquirlen.

2. Das gewürfelte Rinderfilet in die Marinade geben und schwenken, bis es vollständig bedeckt ist. Abdecken und mindestens 4 Stunden kühl stellen.

3. Für die **Quinoa** in einem mittelgroßen Stieltopf das Chica de Jora mit 250 ml Wasser mischen und zum Kochen bringen.

4. Die Quinoa in die kochende Bier-Wasser-Mischung geben und bei mäßiger Temperatur etwa 10 Minuten köcheln, bis sie weich ist.

5. Die Quinoa in ein Sieb abgießen und in einer Schüssel mit dem Sacha-Inchi-Öl vermengen. Mit Meersalzflocken bestreuen.

6. Eine große (gusseiserne) Grillpfanne erhitzen.

7. Die Fleischwürfel auf 15 cm lange Spieße aufstecken.

8. Sobald die Pfanne anfängt zu rauchen, die Spieße hineinlegen und 3 Minuten scharf anbraten. Dann die Spieße wenden und das Fleisch von der anderen Seite weitere 3 Minuten braten, bis es rundherum schön kross ist.

9. Die Spieße auf der Quinoa servieren und nach Belieben mit mehr Meersalzflocken abrunden.

KAPITEL 2

DIE BERGE MAROKKOS

Eine Entdeckungsreise zur Küche und den Traditionen der Berber (*Amazigh*) Nordafrikas

Frische glatte Petersilie und scharfe Jalapeños bringen Farbe und Würze in die traditionelle Amazigh-Küche.

Die gebirgige Region unweit von Fès, im Nordwesten Marokkos.

ÜBER JAHRHUNDERTE war Marokko ein Kreuzungspunkt verschiedener Kulturen, die kulinarische Spuren hinterlassen haben und die marokkanische Küche mit ihrem unglaublichen Mix aus Gewürzen, aus süßlich-pikanten Aromen und wunderbar texturierten Kompositionen so einzigartig machen. Arabische, osmanische, spanische und französische Einflüsse haben die Gerichte der einheimischen Berber geprägt (*Amazigh*, Mehrzahl *imazighen*, »freie Menschen«). Die traditionelle Berber-Küche »speist« sich aus dem marokkanischen Atlasgebirge, aus dicht bevölkerten Städten und ländlichen Regionen, mit lokalen Unterschieden quer durch Nordafrika. Jeder Bissen hier ist lebendige Geschichte. Auf dem Lande wird gesammelt und verwertet, was vor der Haustür wächst und jedem Gericht ein landestypisches Aroma verleiht. Wer seinen Blick zum ersten Mal über die marokkanische Landschaft schweifen lässt, wird kaum erahnen, welch großartige kulinarische Vielfalt sie bereithält. Marokko ist eines der Länder mit der höchsten Artenvielfalt im Mittelmeerraum.

Das Große Kochduell - Gordon und Köchin Najat Kanaache bereiten ihre Speisen zum marokkanischen Neujahrsfest vor.

KURZ-INFO

ORT

Marokko ist bekannt für seine Vielfalt an Traditionen und Landschaften, überwiegend geprägt vom indigenen Volk der Amazigh und unterschiedlichen Kulturen, die hier aufeinandertrafen.

GEOGRAFIE

Das Atlasgebirge verläuft durch mehrere Staaten im Nordwesten Afrikas; höchster Gipfel ist mit 4167 m der Jbel Toubkal in Marokko.

FOOD FACT

Die traditionelle Amazigh-Küche ist im marokkanischen Atlasgebirge und in dicht bevölkerten Berberstädten beheimatet.

Das Wissen um wilde Kräuter und Pflanzen, um ihre Zubereitung in der Küche, wurde über Generationen weitergegeben. Wie man Palmherzen erntet, habe ich von Berbern gelernt, die die Berge kennen wie ihre Westentasche.

Das Atlasgebirge, die Berber-Kultur und die vielen Aromen aus anderen Kulturen bilden das Rückgrat der marokkanischen Küche. Doch moderne Köche und Köchinnen wie Najat Kaanache verändern gerade das kulinarische Gesicht des Landes. Sie hat in Sterneküchen in Europa und Amerika gearbeitet, und ihr Restaurant Nur im Herzen der Medina von Fès, wo sie nur Zutaten aus dem Mittleren Atlas verwendet, genießt einen hervorragenden Ruf. Den historischen Markt in der Medina gibt es seit dem 9. Jahrhundert. »Geh in die Berge, zu den Berbern, dort sind die Traditionen und die ursprüngliche Küche noch lebendig«, rät mir Najat am Ende unseres Streifzugs durch die Medina.

Und genau dort, in besagter Medina, habe ich versucht, *warka* zu machen, hauchdünnen Teig, ähnlich wie Filo. Gar nicht so leicht! Die Herstellung von *warka* ist ein zeitintensiver Prozess, der mit einem einfachen Teigballen beginnt, den man sacht dehnt und zieht, um dünne Blätter zu erhalten, die zum Backen dann nur kurz auf eine Art umgedrehte heiße Kupferpfanne gelegt werden. Teigtaschen aus *warka* gibt es mit herzhafter oder süßer Füllung, als pikant gewürzte Fleischpastete (*bastilla*) oder unterschiedlich gefüllt und frittiert (*briouat*).

Die Wälder Marokkos bergen eine große Vielfalt an essbaren Wildpilzen. Nach ein paar Tagen der Pilzsuche im Mittleren Atlas übergab mir Pilzsammler Abdallah einen Korb mit reicher Gabe – Pfifferlinge, Morcheln, Steinpilze. Zusammen mit seinen Mannen zeigte er mir, wie man diese Pilze in *medfouna* einarbeitet, ein gefülltes Fladenbrot, das sie hier »Berberpizza« nennen. *Medfouna* bedeutet »begraben«, was sich auf die köstliche Mischung aus Fleisch, Nüssen, Gemüse und Gewürzen bezieht, die sich zwischen zwei brotähnlichen Fladen versteckt. Daneben bezeichnet es eine traditionelle Kochweise der Ost-Sahara – das Backen auf heißen, im Wüstensand vergrabenen Steinen. Unser Pilz-*medfouna* haben wir hoch in den Bergen über einem Lagerfeuer gebacken (Berberfamilien nutzen meist Lehmöfen), in Stücke geschnitten und in der Runde geteilt. Dass diese teuren Pilze hier zum täglichen Speiseplan gehören, schien mir Luxus pur!

Manche sagen, ohne bestimmte Gewürze sei ein Gericht kein Berber-Gericht. Unentbehrlich ist Ras

SPANNENDER FAKT
Fès, die drittgrößte Stadt Marokkos, ist bekannt für ihre fantastische Architektur aus der Blütezeit der berberischen Meriniden.

REISE-EINMALEINS

MARKT IN DER MEDINA

Der Markt in der Medina von Fès besteht seit dem 9. Jahrhundert. Mein Spaziergang durch das verwirrende Labyrinth aus Gängen und Gassen fühlt sich an wie eine Reise in die Vergangenheit. Wie wunderbar wäre es, hier ein Restaurant zu haben, mit all diesen Produkten direkt vor der Haustür. Eine Freude, sich vom bunten Treiben mitreißen zu lassen und sich in den Gassen zu verirren (garantiert!). Inmitten der Geräusche, Gerüche und Farbenpracht gibt es nichts, was es nicht gibt – frische Zutaten, fertige Speisen, herrliche handgeknüpfte Teppiche.

Manche sagen, ohne bestimmte Gewürze sei ein Gericht kein Berber-Gericht.

el-Hanout, eine erdige Gewürzmischung, deren Name »Chef des Ladens« bedeutet. Sie besteht je nach Rezept und Region aus bis zu 30 verschiedenen Gewürzen, darunter Anis, Kardamom, Cayennepfeffer, Zimt, Ingwer, Muskat und Kurkuma. Sie ist ein perfektes Beispiel dafür, wie eine Komposition aus verschiedenen Gewürzen etwas Himmlisches erschaffen kann. Marokko ist zudem der weltweit viertgrößte Produzent von Safran, einem mindestens 500 Jahre alten Gewürz, das mit arabischen und jüdischen Händlern aus dem östlichen Mittelmeerraum und Persien ins Land kam. Das teure Luxus-Gewürz wird gern genutzt für Tagines oder Chermoula, eine grüne Kräutermarinade, die traditionell zu gegrilltem Fisch gereicht wird.

Apropos Luxus: Das cholesterinarme und eiweißreiche Kamelfleisch ist in Marokko teurer als Rind- oder Lammfleisch. Als ich es zum ersten Mal probierte, frisch aus einem Tontopf namens Tajine (der Topf und das Schmorgericht darin haben denselben Namen), war ich überrascht, wie deftig das Fleisch ist und mit Zitronen, Zwiebeln und Gewürzen auf der Zunge zergeht. Das Fleisch aus dem Höcker ist der wertvollste Teil, zarter und fetter als alle anderen. Es wird meist

SCHLAGLICHT

AUF PILZJAGD MIT DEM KÖNIG DER PILZSAMMLER

Köchin Najat Kaanache hat ein Treffen mit Abdallah, einem lokalen Pilzsammler, für mich arrangiert. Sie meinte, er sei total geheimniskrämerisch, hätte seine ganz eigene Art, mich an die Pilzplätze zu bringen, und sei stolz auf seinen selbst ernannten Titel als »König der Pilze«. Und diesen Titel trägt er zu Recht. Abdallah beliefert Najat mit den besten Pilzen, die man im Atlas finden kann, darunter Totentrompeten, Pfifferlinge, Matsutake, Morcheln, Steinpilze, Trüffel. Abends, wenn es kühler ist, bringt er sie in Strohkörben direkt zu ihrem Restaurant im Herzen der Medina, und zwar per Esel oder Maultier. Die engen Gassen erlauben keine Autos.

Viele Berber, die auf dem Land leben, erkennen am Wechsel der Jahreszeiten und der Wetterlage, wann die Pilzsaison beginnt. Ziegenhirten, die mit ihren Herden durch die Wälder streifen, sammeln Pilze für die eigene Küche oder den Verkauf auf lokalen Märkten. Auch Frauen, die im Wald Feuerholz holen, nehmen gerne welche mit. Und Pilzsammler wie Abdallah sammeln exklusive Sorten für die Restaurants in den Städten Marokkos oder die europäischen Märkte. Für einen Koch ist so ein Korb voller Pilze ein magischer Schatz. Und als Sandwichfüllung zwischen zwei Brotscheiben der pure Luxus, unfassbar gut!

Wildpilze, darunter Pfifferlinge, Morcheln, Steinpilze.

Abdallah (ganz links), Pilzführer Berrin und Gordon beim Fachsimpeln über die Wildpilze, die Abdallah in entlegenen Wäldern außerhalb von Fès gesammelt hat.

BUNT UND WÜRZIG
Im Uhrzeigersinn von oben: Gewürzestand in Fès; Knoblauch und Kichererbsen sind wichtige Zutaten der marokkanischen Küche; kunstvolle Kacheln rund um eine Tür.

Noch nie habe ich Olivenöl frisch aus der Presse probiert – unglaublich aromatisch, köstlich!

gegrillt, einer Fleisch-Tajine beigefügt oder als kleine Hackfleischbällchen auf einen Spieß gesteckt.

Olivenöl ist eine weitere zentrale Zutat in der marokkanischen Küche, wie überall im Mittelmeerraum. Die milden Winter und heißen trockenen Sommer sind ideal für gutes Olivenöl, das hier bereits seit vielen Jahrhunderten gewonnen wird. Einer von Abdallahs Pilzsammlern, Karda, hat mich in sein Dorf eingeladen, wo die frisch geernteten Oliven mit einem traditionellen, von einem Maultier gezogenen Mühlstein zermahlen werden, ehe der Fruchtfleischbrei in einen gewebten Beutel gepackt und ausgepresst wird. Noch nie habe ich Olivenöl frisch aus der Presse probiert – unglaublich aromatisch, köstlich!

In Marokko habe ich jahrhundertealte Kochtechniken erlernt, und im großen Kochduell gegen Najat Kanaache wollte ich diese Traditionen würdigen. Wir kochen unter freiem Himmel, grillen oder garen das Essen über heißen Kohlen, was mir zeigt, dass es keine moderne Küche braucht, um hervorragende Speisen auf die Teller zu zaubern. In Kombination mit altbewährten Praktiken, die das Beste aus jeder einzelnen Zutat hervorbringen, entwickeln sich facettenreiche Aromen und ein phänomenales Geschmackserlebnis.

SO SCHMECKT MAROKKO

BERBER-TRADITIONEN

Karda, einer von Abdallahs Pilzsuchern, hat mich zum Mittagessen in sein Dorf und zu seiner Familie eingeladen. Es gibt Linsen, Fladenbrot und Oliven. Zusammen mit Tochter Fatima zeigt er mir die traditionelle Lebensweise im Dorf – von der Teppichherstellung bis zur Pressung von Olivenöl. Wie in anderen Berber-Dörfern bereitet man sich auch hier auf Yennayer vor, das Berber-Neujahrsfest. Und das Essen ist ein sehr wichtiges Element der Feierlichkeiten. Fatima führt mich zum Haus ihrer Großmutter: Bei den Berbern ist es Tradition, mit den Nachbarn Essen auszutauschen, und so tausche ich ein paar meiner Palmherzen gegen ihren Honig, den ich für meine Wildpilz-Medfouna benötige (Seite 54).

Die Teppichwebtechniken in der Gegend reichen zurück bis ins 12. Jahrhundert.

RINDERSCHMORTOPF MIT RAS EL-HANOUT

KICHERERBSEN, OLIVEN UND GRÜNEM HARISSA

ZUTATEN FÜR 6 PERSONEN

RINDERSCHMORTOPF

2 EL Traubenkernöl

1 kg Rinderrippchen am Knochen, in 5 cm breite Stücke zerteilt

1 EL Salz

2 TL frisch gemahlener schwarzer Pfeffer

2 Zwiebeln, abgezogen und in Scheiben geschnitten

1 EL gehackter Knoblauch

2 EL Ras el-Hanout

1 TL frisch gemahlener weißer Pfeffer

1 EL Paprikapulver

1 EL zerstoßene Kreuzkümmelsamen

1 TL zerstoßene Koriandersamen

500 ml Rinderbrühe

1 Dose Kichererbsen (à 450 g), abgespült und abgetropft

120 g grüne Oliven, entsteint und halbiert

1 TL fein gewürfelte eingelegte Salzzitrone

4 EL gehackte frische Petersilie

GRÜNES HARISSA

3 grüne Chilis, fein gehackt

Abrieb von 2 unbehandelten Meyer-Zitronen*

1 Bund frischer Koriander, Blättchen fein gehackt

½ TL Chiliflocken

120 ml natives Olivenöl extra

1 TL Salz

geröstetes Brot zum Servieren

** Eine aus China stammende Zitrusfrucht, eine Kreuzung aus Zitrone und Mandarine oder Orange.*

ZUBEREITUNG

1. Für das **Rindfleisch** in einem großen Schmortopf das Traubenkernöl bei mittlerer Temperatur erhitzen.

2. Die Rippchen großzügig mit Salz und schwarzem Pfeffer würzen. Von allen Seiten goldbraun anbraten, portionsweise vorgehen, falls erforderlich.

3. Die Rippchen aus dem Topf nehmen und beiseitestellen. Das Fett aus dem Topf entfernen, bis auf einen leichten Film, nicht mehr als 2 EL.

4. Die Zwiebeln in den Topf geben und etwa 8 Minuten anschwitzen, bis sie karamellisieren.

5. Knoblauch, Ras el-Hanout, weißen Pfeffer, Paprika, Kreuzkümmel und Koriander hinzufügen und 2 Minuten rösten, bis sich ihr Duft entfaltet.

6. Zum Ablöschen die Rinderbrühe und 250 ml Wasser hinzufügen und alle Bratreste vom Topfboden lösen. Die Rippchen in den Topf zurückgeben und das Ganze zum Kochen bringen.

7. Den Deckel auflegen, auf niedrige Temperatur herunterdrehen und 2½ bis 3 Stunden garen.

8. Für das **grüne Harissa** alle Zutaten in einer kleinen Schüssel vermengen. Die Mischung 30 Minuten lang ruhen lassen, damit sich die Aromen entfalten.

9. Die Rippchen fertigstellen: Nach 1 Stunde Garzeit die Kichererbsen, die grünen Oliven und die Salzzitrone in den Topf geben. Weiter garen, bis sich das Fleisch langsam von den Knochen löst.

10. Die Petersilie hinzugeben und unterrühren.

11. Zum Servieren je ein Rippchen und etwas Kichererbsen-Eintopf in einen tiefen Teller geben.

12. Mit dem grünen Harissa löffelweise garnieren und mit geröstetem Brot servieren.

MAROKKANISCHE HARISSA-KAROTTEN

ZUTATEN FÜR 4 PERSONEN

KAROTTEN

4 TL Zitronensaft

1 EL Salz

1 TL Zucker

8 Karotten, geschält und diagonal geschnitten, in etwa 2,5 cm lange Scheibchen

HARISSA-SAUCE

120 ml Olivenöl

6 Knoblauchzehen, abgezogen und fein gehackt

2 TL fein gehackte grüne Chilischoten

1 TL gemahlener Kreuzkümmel

1 TL frisch gemahlener weißer Pfeffer

30 g frischer Koriander, Blättchen fein gehackt, plus mehr zum Garnieren

10 TL Zitronensaft

2 TL fein gehackte Salzzitrone

2 TL Harissa-Paste

1 TL Salz

ZUBEREITUNG

1. Einen großen Topf zur Hälfte mit Wasser füllen, Zitronensaft, Salz und Zucker hinzugeben und bei mittlerer Temperatur zum Kochen bringen.

2. Die **Karotten** hineingeben und 2–3 Minuten blanchieren. Rasch in ein Sieb abgießen und kurz in ein Eisbad legen, um den Garprozess zu stoppen.

3. Die Karotten abtropfen lassen und auf einem mit Küchenpapier ausgelegten Tablett verteilen.

4. Für die **Harissa-Sauce** eine mittelgroße Schwenkpfanne bei mittlerer Temperatur erhitzen, Olivenöl, Knoblauch und Chilischoten hineingeben und nur leicht anschwitzen, nicht bräunen.

5. Den Kreuzkümmel und den weißen Pfeffer hinzugeben und 1 Minute lang mitrösten, bis sich das Aroma entfaltet.

6. Vom Herd nehmen und Koriander, Zitronensaft, Salzzitrone, Harissa und Salz hinzufügen.

7. Die Karotten in die Harissa-Sauce geben, kurz durchschwenken und 3 Stunden marinieren.

8. Die marinierten Karotten mit Koriander garnieren und bei Raumtemperatur servieren.

WILDPILZ-MEDFOUNA

Rezept von den Pilzsammlern Abdallah und Berrin

ZUTATEN FÜR 6 PERSONEN

TEIG

450 g Brotmehl (Type 550 oder 812), plus mehr zum Bestauben

1 EL aktive Trockenhefe

3 TL Salz

1 TL Honig

PILZFÜLLUNG

2 EL Olivenöl plus mehr zum Beträufeln

1 kg Wildpilze, geputzt und grob zerkleinert

1 weiße Zwiebel, abgezogen und in dünne Scheiben geschnitten

3 Knoblauchzehen, abgezogen und fein gehackt

1 TL Salz

1 EL Ras el-Hanout

1 TL Paprikapulver

280 g Ziegenkäse, zerbröckelt

1 EL gehackte frische Petersilie

1 EL Zatar

1 kleine schwarze Trüffel, in dünne Scheiben geschnitten

GEWÜRZMISCHUNG

1 EL Kümmelsamen

1 EL Fenchelsamen

1 EL Zatar

1 TL Chiliflocken

1 TL Meersalzflocken

ZUBEREITUNG

1. Für den **Teig** Brotmehl, Hefe und Salz in die Schüssel eines Standmixers geben und zum Vermengen und Durchkneten die Knethaken benutzen.

2. In einer kleinen Rührschüssel 300 ml warmes Wasser und den Honig verquirlen, bis sich der Honig vollständig aufgelöst hat.

3. Den Standmixer auf niedrigste Stufe stellen und das Honigwasser langsam hineingießen.

4. Den Teig 4–5 Minuten lang im Mixer kneten, bis er sich leicht von der Oberfläche der Schüssel zu lösen beginnt.

5. Den Teig auf eine bemehlte Fläche geben und mit der Hand kneten, bis er geschmeidig und glatt ist.

6. Den Teig in eine große Schüssel geben, mit Frischhaltefolie abdecken und an einem warmen Ort 2 Stunden gehen lassen, bis er sein Volumen fast verdoppelt hat.

7. Eine große Pfanne erhitzen.

8. Für die **Pilzfüllung** das Olivenöl und die Waldpilze hineingeben und portionsweise braten, um die Pfanne nicht zu überfüllen.

9. Sobald die Pilze leicht goldbraun sind, die Zwiebel und den Knoblauch hinzufügen und mit Salz abschmecken. Weitere 4 Minuten braten, bis die Zwiebel zu bräunen beginnt.

10. Das Ras el-Hanout und das Paprikapulver hinzufügen und etwa 3 Minuten köcheln, bis alle Flüssigkeit verdampft ist und die Gewürze Röstaromen entwickeln.

11. Vom Herd nehmen und Ziegenkäse, Petersilie, Zatar und Trüffel hinzugeben, alles gut durchschwenken. Die Füllmasse abschmecken und eventuell nachwürzen.

12. Für die **Gewürzmischung** in einer kleinen Pfanne die Kümmel- und Fenchelsamen hellbraun rösten, bis sich ihr Duft entfaltet.

13. In einer kleinen Schüssel die gerösteten Samen, Zatar, Chiliflocken und Salz vermischen.

14. Den Backofen auf 200 °C vorheizen.

15. Für die **Medfouna** den Teig halbieren. Jede Hälfte einzeln auf einer leicht bemehlten Fläche ausrollen, auf einen Durchmesser von jeweils etwa 30 cm.

16. Eine große ofenfeste Gusseisen-Pfanne leicht einfetten und ein Teigstück auf dem Pfannenboden bis zum Pfannenrand auslegen.

17. Vorsichtig die Pilzfüllung gleichmäßig auf dem Teig verteilen.

18. Die Füllmasse mit dem zweiten Teigstück bedecken, an den Rändern nach unten drücken und mit dem unteren Teigstück verschließen. Gut andrücken.

19. Die Medfouna 15–20 Minuten im Ofen backen, bis der Teig goldbraun und knusprig ist.

20. Erscheint die Kruste noch zu hell, kann die Medfouna unter dem Backofengrill nachbacken.

21. Die Medfouna mit Olivenöl beträufeln und mit der Gewürzmischung bestreuen.

22. Die Medfouna in keilförmige Stücke schneiden und servieren.

KAPITEL 3

LAOS UND DER GROSSE MEKONG

Eine Entdeckungsreise am »Fluss des Lebens« – zur Quelle der laotischen Küche

Auf seinem Weg von Nord nach Süd ins Südchinesische Meer durchquert der Mekong auch die vegetationsreiche Region Si Phan Don (»Die 4000 Inseln«) im Süden von Laos.

Gordon bei der Überquerung einer heiklen Stelle des Flusses, um gleich hinter den Stromschnellen der Mekongfälle ein Fischernetz auszuwerfen.

DER MEKONG, einer der längsten Flüsse der Welt, durchquert auf seinem Weg zum ostvietnamesischen Meer sechs Länder. Er fließt von Nord nach Süd, ist Lebensader und Verkehrsweg des Landes, Wasserversorger und eine wichtige Quelle für Nahrungsmittel aller Art. Doch er kann auch zerstörerische Kräfte entfesseln und die Menschen an seinen Ufern den Zorn der Elemente spüren lassen. Aber das starke Band zwischen den Menschen und dem mächtigen Mekong ist durch nichts zu erschüttern, schon gar nicht in der Region Si Phan Don (»Die 4000 Inseln«), die ich besucht habe. Laos ist, anders als seine Nachbarn Thailand, Kambodscha und Vietnam, ein weniger bekanntes Reiseziel – und die laotische Küche wird häufig mit der thailändischen verwechselt. Trotz der Ähnlichkeiten verwendet die laotische Küche ganz eigene Zutaten, insbesondere Kräuter, Farne und Blätter.

In einem Passagierboot auf dem Weg zur Insel Don Tan folgt Gordon dem laotischen Motto: »Keine Eile«.

KURZ-INFO

ORT

Ich bin unterwegs auf dem Mekong, der Lebensader des Landes. Den Menschen von Laos dient der Fluss als Verkehrsweg, Stromquelle, Wasserversorger und wichtige Nahrungsquelle.

GEOGRAFIE

Laos ist der einzige Binnenstaat in Südostasien. Berge und bewaldete Hügel bedecken fast drei Viertel des Landes.

FOOD FACT

Mehr als 60 Prozent der landwirtschaftlichen Fläche in Laos werden für den Reisanbau genutzt.

Fast alles kommt aus privaten Gärten, lokalen Höfen, heimischen Wäldern und, klar, dem Mekong. Das Essen kann scharf sein, ist aber stets eine fein abgestimmte Komposition der Aromen: nicht zu süß, nicht zu sauer, und genau richtig gewürzt.

»Fische, die gegen die Strömung kämpfen, schmecken besser«, erklärt mir Chefkoch Joy Ngeuamboupha und schlägt vor, dass ich mich im Wurfnetzfischen versuche, direkt von einer der Felskanten an den Stromschnellen aus. Die Mekongfälle gelten als die breitesten Fälle der Erde. Jede Sekunde donnern 9,5 Mio. Liter Wasser hinab, fast doppelt so viel wie an den Niagarafällen. Vor seiner Zeit als Koch war Joy sieben Jahre lang Mönch. Heute führt er eine Kochschule in Luang Prabang und ein erstklassiges Restaurant, das Tamarind, wo er Laos' kulinarisches Erbe auf die Teller zaubert. Er hat die laotische Küche auf die globale Speisekarte gesetzt.

REISE-EINMALEINS

ENTSPANNUNG AM FLUSS

Von seiner Quelle im tibetischen Hochland bis zur Mündung im Mekong-Delta im Süden von Vietnam fließt der Mekong auf einer Länge von mehr als 4800 km durch China, Myanmar, Thailand, Laos, Kambodscha und Vietnam. Statt von einem Ort zum anderen zu hetzen, wie Touristen es gern tun, sollte man die Gelegenheit nutzen, um zu entschleunigen und sich buchstäblich auf dem Fluss treiben zu lassen. Ich selbst habe es in Laos sehr genossen, mich abends mit einem lokalen Bier oder anderen kühlen Getränk ans Flussufer zu setzen und den Sonnenuntergang zu genießen. Wunderschön!

EIN MARKT IN LAOS
Ein Fest für Augen, Nase und Gaumen – Chefkoch Joy Ngeuamboupha und Gordon lassen sich inspirieren.

Die Laoten scheuen auch halsbrecherische Anstrengungen nicht, um ihre Zutaten zu beschaffen, sei es, dass sie ein Netz in die Mekongfälle auswerfen oder an den zerklüfteten Ufern balancieren. Im Mekong leben rund 1200 Fischarten, darunter Süßwasserfische wie riesige Welse und Karpfen, auf den Fischmärkten der größeren Dörfer entlang des Flusses werden aber auch Meeres- und Küstenfische angeboten. Am Flussufer bereiten Joy und ich unseren Fang auf traditionelle Art zu: In ein Bananenblatt gewickelt, mit Zitronengras gefüllt und auf einen Bambusspieß gesteckt, gart der Fisch langsam über dem Feuer.

Der Mekong birgt die zweitgrößte Artenvielfalt der Welt und weit mehr als nur Fische. Auch Schnecken sind dort beheimatet, und die müssten eigentlich leichte Beute sein, denke ich, bevor ich ins Wasser springe, um danach zu tauchen. Gar nicht so leicht! Bei starker Strömung ist es fast unmöglich, an einer Stelle zu verweilen, ohne abgetrieben zu werden. Mein lokaler Guide Mr. Ten und seine Familie zeigen mir, wie man das Schneckenfleisch aus dem Gehäuse

> Der Fluss des Lebens schenkt seine Gaben – eine reiche Kultur, die die Geschmacksknospen begeistert und die Seele nährt.

löst und es mit Frühlingszwiebeln in Salat einwickelt. Kurz in eine scharfe Sauce tauchen, und fertig ist die kleine Schnecken-Frühlingsrolle.

In weniger fischreichen Regionen müssen sich die Menschen andere eiweißreiche Nahrungsquellen erschließen. Die üppigen Reisfelder beheimaten kleinere Tiere wie Frösche und Riesenwasserwanzen, sogenannte Zehenbeißer. Ein passender Name, denn sie können schmerzhafte (aber ungiftige) Bisse verursachen, wenn man durch ihren Lebensraum watet. Die flachen, bräunlichen Wanzen werden auf Bambusspieße gesteckt und über offenem Feuer gegrillt, bevor man die winzige Menge Fleisch herausschält. Sie sehen unappetitlich aus, schmecken aber köstlich süß – wie eine Kreuzung zwischen Hummer- und Krebsfleisch. So viel Aufwand für eine einzige Mahlzeit lässt mich demütig werden.

Grüne Reisfelder, so weit das Auge reicht. Klebreis ist das Grundnahrungsmittel der laotischen Küche und auch die Basis für Lao-Lao, den lokalen Reisschnaps. Nachdem der Reis gedämpft ist, wird er mit Hefe versetzt und fermentiert mehrere Tage lang. Heraus kommt ein hochprozentiges Destillat – ein simpler Ersatz für teuren Importalkohol. Die Brennereien sind von früh bis spät ein sozialer Treffpunkt, den Kunden ansteuern und den Schnaps in To-go-Containern kaufen.

Sogar Ameisenlarven aus Nestern hoch in den Bäumen des Waldes stehen auf dem Speiseplan. Um an sie heranzukommen, muss ich sie mit einem langen

SCHATZKAMMERN AM MEKONG
Oben: Zehenbeißer (Riesenwasserwanzen) grillen auf Bambusspießen über heißer Holzkohle; Laos ist Heimat vieler buddhistischer Klöster. Unten: Gordon auf der Suche nach Zehenbeißern, die gute Eiweißlieferanten sind.

Das morgendliche Kochen vor dem Tempel, am Ufer des Mekong, der auf seiner langen Reise gemächlich vorbeizieht, fühlt sich an wie aus einer anderen Zeit.

Bambusstab aus den Bäumen schütteln, an dem ein raffiniert geflochtener Korb hängt ... und bin prompt einem heftigen Hagelregen aus aggressiven Kampfameisen ausgesetzt. In dem kleinen Dorf, in dem ich zu Gast bin, werden sie in einer Suppe serviert. Ihr zitrusartiges Aroma, fast wie winzige Limettenstückchen, zusammen mit der pikanten Würze der pflückfrischen Waldkräuter – superlecker!

Auf dem Weg zum großen Kochduell halten Joy und ich an einem Markt im Freien, um letzte Zutaten zu besorgen. Wie schon am Flussufer gibt es auch hier reichlich fangfrischen Fisch, aber auch fermentierten Fisch. Joy zeigt mir Padaek, eine traditionelle Würzsauce aus eingelegten oder fermentierten Fischstücken, mit Reiskleie, Galgant (ein Gewürz, ähnlich Ingwer oder Kurkuma) und scharfen Chilischoten.

Das große Kochduell steht an. Ich bin unter Druck, denn die Mönche von Wat Khon Tai beginnen mittags mit dem Fasten. Das Essen muss also bis 11 Uhr fertig sein. Das morgendliche Kochen am Ufer des Mekong, der auf seiner langen Reise gemächlich vorbeizieht, erinnert an eine andere Zeit. Doch der Fluss des Lebens schenkt den Menschen bis heute seine wertvollen Gaben – eine reiche Kultur, die die Geschmacksknospen begeistert und die Seele nährt. Das ist unbezahlbar!

ADRENALINRAUSCH

FLUSSTOUR MIT DEM KAJAK

Der australische Abenteurer Mick O'Shea erkundet diese Gegend seit Jahrzehnten und hat den Mekong erstmals im Kajak bezwungen, von der Quelle bis zur Mündung. Um in ein abgelegenes Dorf zu gelangen, habe ich zwei Möglichkeiten: eine stundenlange Fahrt über Schotterpisten oder eine Abkürzung. Auf dem Fluss! Mick hat versprochen, mich heil ans Ziel zu bringen. In aufblasbaren Kajaks rauschen wir durch die tosenden Stromschnellen, die hier Li Phi heißen, die »Geisterfalle«, nach den Dämonen, die in ihnen gefangen sind. Zum Glück bleiben wir unversehrt!

Starke Strudel und Stromschnellen sind nur einige der Herausforderungen, die Gordon und Mick O'Shea auf diesem wilden Mekong-Abschnitt meistern, den die Einheimischen »Geisterfalle« nennen.

SCHLAGLICHT

MR. SINGS LAO-LAO-SCHNAPS

Mr. Sing stellt Lao-Lao, lokalen Reisschnaps, seit über 20 Jahren her. Seine Brennerei auf der Insel Don Tan, direkt am Mekong-Ufer, ist eine Art Drive-in: Schon früh um 7 Uhr fahren erste Kunden in ihren Booten vor, um mit einem Gläschen in den Tag zu starten. Ein recht hochprozentiger Auftakt! Aber Importalkohol ist für die meisten Laoten viel zu teuer, und so ist der lokale Schnaps die ideale Lösung. Auch ich probiere den frisch gebrannten, harten Stoff und habe prompt taube Lippen. Die erste Marge ist immer etwas stärker, sagt Mr. Sing. Hätte er mir auch mal früher verraten können!

Klebreis hat einen hohen Stärkegehalt, die perfekte Grundlage für Schnaps. Nach dem Dämpfen kommt Hefe hinzu, dann fermentiert der Reis mehrere Tage lang. Gerade als ich denke, verrückter könne es nicht werden, probiere ich den nächsten Lao-Lao, aromatisiert mit Geckos und »geheimen Kräutern«. Die armen Geckos, denke ich, wie kann man nur! Aber das süße Aroma ist klasse. Ich nehme mir etwas Lao-Lao für das große Kochduell mit. Doch Mönche trinken keinen Schnaps, auch nicht, wenn er durch Flambieren ausgebrannt ist.

Schnapsbrenner Mr. Sing (links) und die lokale Cafébesitzerin Nang zeigen Gordon, wie man Lao-Lao herstellt, den laotischem Schnaps.

KNUSPRIGER RED SNAPPER

MIT ZUCCHINIBLÜTEN-TEMPURA, KLEBREIS UND CHILI-DIP

ZUTATEN FÜR 2 PERSONEN

DIP

2 EL Fischsauce

1 EL Zitronensaft

1 Vogelaugen-Chili oder andere kleine scharfe Chili, in dünne Ringe geschnitten

1 TL gehackter Knoblauch

Salz, falls nötig

FISCH

2 l Rapsöl

1 großer Red Snapper oder ein anderer ganzer Fisch mit fleischiger Textur, geschuppt und ausgenommen

1 EL Salz

2 Knoblauchzehen, abgezogen und in Scheiben geschnitten

2 Kaffir-Limettenblätter

1 Stück Ingwer (à 5 cm), geschält und in dünne Scheiben geschnitten

1 Stängel Zitronengras, zerdrückt

30 g Lao-Basilikum oder Thai-Basilikum, in Streifen geschnitten

ZUCCHINIBLÜTEN-TEMPURA

350 ml eiskaltes Tafelwasser

225 g Reismehl, plus mehr zum Bestauben

10–15 Zucchiniblüten

1 TL Salz

1 Bananenblatt und gedämpfter Klebreis zum Servieren

ZUBEREITUNG

1. Für den **Chili-Dip** in einer kleinen Rührschüssel alle Zutaten mit 6 EL Wasser vermengen. Nach Bedarf Zitronensaft und Salz zugeben.

2. In einem großen Topf das Rapsöl bei mittlerer Temperatur auf 160 °C erhitzen.

3. Den **Fisch** auf beiden Seiten im Abstand von etwa 2 cm flach einschneiden, großzügig mit Salz würzen, auch die Innenseiten.

4. Die Einschnitte mit Knoblauch, Kaffir-Limettenblättern, Ingwer, Zitronengras und Basilikum füllen; die Einschnitte dann mit einem Spieß oder langen Zahnstocher verschließen.

5. Den Fisch langsam in das heiße Öl legen. Vorsicht, es kann spritzen!

6. Den Fisch etwa 10 Minuten frittieren, bis er knusprig und durchgegart ist. Den Fisch aus dem Öl herausnehmen und auf ein Gitter legen.

7. Das Öl auf 175 °C erhitzen.

8. Für den **Tempura-Teig** in einer großen Rührschüssel das Tafelwasser und das Reismehl vorsichtig vermengen, am besten mit Stäbchen. Den Teig unmittelbar vor der Zubereitung herstellen und umgehend verwenden.

9. Für die **Zucchiniblüten-Tempura** die Blüten leicht mit Reismehl bestauben und kurz in den Teig tauchen.

10. Die teigummantelten Blüten in das heiße Öl geben und 2 Minuten knusprig ausbacken.

11. Die Blüten aus dem Öl nehmen, zum Auskühlen auf Backpapier auf einen Rost legen und leicht salzen.

12. Das Bananenblatt auf eine Platte geben und den Fisch darauf platzieren.

13. Mit den Zucchiniblüten-Tempura und dem gedämpften Klebreis anrichten, dazu den Dip servieren.

SÜSS-SAURE WELSSUPPE

ZUTATEN FÜR 4 BIS 6 PERSONEN

2 Mini-Auberginen

2 Vogelaugen-Chilis oder andere kleine scharfe Chilis

1 Schalotte, abgezogen

1 Stück Ingwer, etwa 5 cm groß, geschält

1 Stück Galgant, etwa 5 cm groß, dünn geschnitten

2 Stängel Zitronengras, zerdrückt

2 frische Tamarindenschoten oder 30 g Tamarindenpaste

2 EL Fischsauce

1 TL Salz

2 Stück Welsfilets (à 400 g), in etwa 5 cm große Stücke geschnitten

3 Kaffir-Limettenblätter

2 Frühlingszwiebeln, dünn geschnitten

1 Bund frischer Koriander, die Blättchen fein gehackt

ZUBEREITUNG

1. Einen Grill (oder Backofengrill) auf 200 °C vorheizen. Sobald die Temperatur erreicht ist, Auberginen, Chilis, Schalotte und Ingwer etwa 5 Minuten schwarzbraun rösten.

2. In einem großen Topf 1,25 l Wasser, Galgant, Zitronengras, Tamarinde, Fischsauce und Salz bei mittlerer Temperatur zum Kochen bringen.

3. Den Wels hinzufügen und die Brühe 8–10 Minuten leicht köcheln, bis der Sud langsam eindickt.

4. Die Kaffir-Limettenblätter zugeben und die Brühe weitere 20 Minuten köcheln.

5. In einem Mörser die gegrillten Mini-Auberginen, Chilis, Schalotte und Ingwer zerkleinern, bis sie auseinanderfallen, aber nicht breiig sind. Es soll ein stückiger Mix entstehen.

6. Das zerkleinerte Grillgemüse in die Brühe geben. Nach Bedarf abschmecken.

7. Zum Servieren die Suppe in kleine Schalen füllen und mit Frühlingszwiebeln und Koriander garnieren.

Chefköchin Monique Fiso und Gordon auf der Suche nach essbaren Wildpflanzen wie Horopito (Pfefferholz), Pirita (Supplejack, eine nach Spargel schmeckende Kletterliane), und süße lila Fuchsienbeeren, versteckt zwischen Bäumen, Ranken und Farnen.

KAPITEL 4

NEUSEELANDS

Wo europäische, asiatische und polynesische Aromen Maori-Traditionen

RAUER SÜDEN

und Moderne vereinen

Türkisblaues Wasser, von der fernen Schneeschmelze gespeist, schlängelt sich über die sandigen Gestade des Matukituki River bis zum Meer.

NEUSEELAND MAG ALS REISEZIEL für Abenteurer gelten, als kulinarische Hochburg bleibt es trotz mannigfaltiger Einflüsse aus Asien, Polynesien und der Maori-Kultur unter dem Radar. Dabei sind es gerade die uralten Traditionen der Maori, insbesondere ihre Zubereitung lokaler Zutaten, die Neuseeland von allen anderen kulinarischen Hotspots der Welt abheben. Der Maori-Legende zufolge war der Entdecker von Aotearoa (die Maori-Bezeichnung für Neuseeland), der furchtlose Kupe. Er navigierte sein Waka Hourua (Reisekanu) vom polynesischen Hawaiki aus über den Pazifik, orientierte sich dabei allein an Sternen und Meeresströmungen. Erste Siedler folgten im 13. Jahrhundert. Sie haben Feldfrüchte mitgebracht, aber ein Großteil ihrer Ernährung basierte auf der Jagd in den Bergen und Wäldern, in den Flüssen und dem Meer – den vier wichtigsten Ökosystemen. Berge und Wälder sind das Reich von Papatuanuku, von Mutter Erde. Über Meere und Flüsse regiert Tangaroa, der Gott der Meere.

Mit lokalen Zutaten und nach traditionellen Kochtechniken bereitet Gordon auf Stewart Island ein Gericht für die Maori-Ältesten zu.

KURZ-INFO

ORT

Neuseeland, den indigenen Maori als Aotearoa bekannt, ist eine bergige Inselnation im südöstlichen Pazifik. Ich erkunde die Südinsel Neuseelands und Stewart Island.

GEOGRAFIE

Die Inseln entstanden vor 23 Millionen Jahren durch vulkanische Kräfte. Noch heute gibt es in Neuseeland mehr als 50 Vulkane, von denen einige noch aktiv sind.

FOOD FACT

Die Maori kochen seit mehr als 1000 Jahren mit Zutaten aus den Urwäldern Neuseelands, kombiniert mit polynesischen Methoden und Aromen.

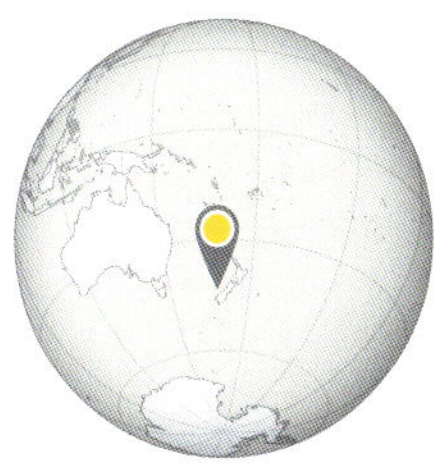

Vom traditionellen *hangi* (Erdofen) bis zur Nahrungssuche, die Maori haben bewährte Methoden, um an bestimmte Zutaten zu kommen, die es nirgends sonst auf der Welt gibt. Ich treffe Monique Fiso, eine der besten Köchinnen des Landes. In ihrem Restaurant Hiakai in Wellington feiert sie die Maori-Küche mit dem Ziel, das Essen ihrer Vorfahren mit der Welt der gehobenen Küche zu verbinden. Wir treffen uns auf Stewart Island, und Monique drückt mir eine Machete in die Hand. Damit wollen wir in den Wäldern nach essbaren Wildpflanzen suchen. »Das Nahrungssammeln spielt hier eine sehr große Rolle«, sagt sie. Und wie ich erfahre, haben all ihre Köche eine Machete, um Zutaten direkt aus der Wildnis zu ernten, daraus spektakuläre Gerichte zu zaubern und so die Kultur der Maori-Küche lebendig zu halten.

Das Nahrungssammeln reicht zurück bis zu den ersten polynesischen Siedlern. Aotearoa hat eine uralte natürliche Vegetation aus dichtem Dschungel, Farnen, Ranken und Palmen, mit Pilzen, Beeren, Früchten und Samen, die zu wichtigen Nahrungsmitteln wurden. Weite Teile des Waldes bestehen seit Jahrhunderten, und er schenkte den Siedlern neben *kai* (Nahrung) auch *rongoa maori* (Heilkräuter). Der Wald ist den Maori heilig. Und der Respekt vor ihm hat beim Nahrungssammeln oberste Priorität, denn die Maori begreifen sich als Teil der Natur, Dschungel und Pflanzen als ihre Ahnen.

ELEMENTARE NATUR
Wälder, Berge und Wasser sind zentral für die Maori-Küche.

Am Ende hatten wir pfeffrigen *horopito*, nach Spargel schmeckende *pirita* (Supplejack) und süße lila Fuchsienbeeren gesammelt, für die ich eigens einen Baum erklimmen musste. Ohne Monique an meiner Seite wäre ich aufgeschmissen gewesen und hätte im grünen Gewirr aus Ranken und Farnen einige der faszinierenden Zutaten wohl übersehen, obwohl sie sich direkt vor meiner Nase befanden.

Die *tahr*, die wilden Bergziegen Neuseelands, wurden vor langer Zeit aus dem Himalaya eingeführt. Da sie hier keine natürlichen Feinde haben, verur-

HINTER DEN KULISSEN

AUF FISCHFANG MIT FLUFF

Gordon mit den Fischern Fluff (rechts) und Zane am Strandlagerfeuer. Es gibt Sandbarsch, in Seetang gegart!

Der alte Seebär Fluff hat etwas mit mir gemeinsam – den Vornamen Gordon. Während ich nach *paua* tauchte (zum Glück ohne Haie), hatte er ein paar Sandbarsche gefangen. Nun zeigte er mir, wie man sie nach Maori-Art zubereitet – in Seetang. »Haben wir schon als Kinder so gemacht«, sagte er, schnitt eine Tasche in ein Seetang-Blatt, gab den Fisch hinein und wickelte das Ganze in ein weiteres Stück Seetang. Den »Kochbeutel« gab er dann in die Glut unseres Strand-Lagerfeuers. Fertig. Und perfekt gegart!

Die indigenen Maori haben alttradierte Methoden, um an bestimmte Zutaten und Aromen zu kommen, die es nirgends sonst auf der Welt gibt.

sachen die Pflanzenfresser enorme Schäden an der Vegetation. Für die Maori, die stets bedacht sind, im Einklang mit der Natur zu leben, könnte die Jagd auf diese invasive Spezies ein Weg sein, das Gleichgewicht wiederherzustellen.

Die *Huhu*-Raupen allerdings, die Larven einer Bockkäferart, hätte ich mir gerne erspart. Sie leben in faulendem Kiefern-Stammholz auf dem Waldboden und sollen schon manch einen gerettet haben, der sich im Wald verirrt hat. In der Maori-Küche gelten sie als Delikatesse. Sie enthalten mehr Protein als Rind, Lamm, Huhn oder Kichererbsen. Monique sagt, sie schmecken wie Erdnussbutter (aber erst, wenn sie zu einer cremigen Sauce verarbeitet sind). Doch die zappeligen Raupen roh zu essen, war zu viel des Guten für mich!

Paua-Muscheln, aus dem Reich des Tangaroa, sind hier ein wertvoller Schatz. Für die Maori gelten sie als Geschenk der Götter. Sie haften an Felsen am Meeresgrund und sind äußerst schwierig zu ernten. Ich brauche etliche Apnoe-Tauchgänge, immer auf der Hut vor Haien, bis ich auch nur eine Paua im dichten Seetang finde und vom Felsen lösen kann. In Maori-Mythen wurden Paua mit mächtigen Kriegern verglichen, die ihre Gegner mit sturer Kraft besiegten. Die beiden Seebären Zane und Fluff zeigen mir, wie

SCHLAGLICHT

CHEFKÖCHIN MONIQUE FISO UND DIE MAORI-KÜCHE

Chefköchin Monique Fiso, eine innovative Vorreiterin der Maori-Küche, ist für viele eine Inspiration, denn sie trägt das uralte Wissen ihrer Maori- und Samoa-Ahnen hinaus in die Welt. Besonders beeinflusst hat sie ihre samoanische Großmutter. Als kleines Mädchen schon ging sie ihr zur Hand, um das Sonntagsessen für die Großfamilie zuzubereiten. Ausgebildet von Martin Bosley, einem der renommiertesten Chefköche Neuseelands, sowie in erstklassigen Sterne-Küchen in New York City (im Musket Room, Restaurants Public und A Voce), kehrte sie 2016 in ihre Heimat zurück, um die Maori-Küche auf ein völlig neues Niveau zu heben.

Nachdem sie ihr Konzept, das Essen ihrer Vorfahren mit der Welt der gehobenen Küche zu verbinden, in einer Reihe von Pop-ups im ganzen Land ausprobiert hatte, eröffnete sie in Wellington ihr eigenes Restaurant, das Hiakai (Maori für »hungrig«). »Die Maori-Küche gibt es seit vielen hundert Jahren, eine hochspannende Küche, die es zu erkunden gilt«, sagt sie. »Neuseeland hat ein reiches kulinarisches Erbe, mit ungeahnten Köstlichkeiten.« Ihr Buch *Hiakai* taucht tief ein in die Geschichte, Mythologie, Bräuche und Zutaten der Maori – und enthält mehr als 30 Rezepte, die überliefertem Wissen neues Leben einhauchen.

Chefköchin Monique Fiso zeigt Gordon, wie man die lokalen Zutaten für ein traditionelles Gericht vorbereitet.

»Die Maori-Küche gibt es seit vielen hundert Jahren. Eine hochspannende Küche, die es zu erkunden gilt.«

– Chefköchin Monique Fiso

Gordon serviert einigen Maori auf Stewart Island in Puka-Blätter gewickeltes und im *hangi* (Erdofen) geräuchertes Ziegenfleisch.

Paua-Fleisch zart wird: In ein Tuch wickeln und mit einem Stein weich klopfen.

Eine weitere hochgeschätzte Spezialität der Maori-Küche sind Aale. Es gibt mehrere Methoden, sie zu fangen. Die Maori-Tradition verlangt, dass man nur das nimmt, was man braucht, denn alle Lebewesen sind miteinander verbunden, und alle Elemente beeinflussen einander. Der Aalfischer Jeromy van Riel zeigt mir, wie ich in der Strömung sicheren Stand habe, die Hände unter den glitschigen Bauch eines Kurzflossenaals bekomme, um ihn dann ans Ufer zu werfen. Das Maul eines Aals ist mit Zähnen bestückt, und die will ich tunlichst nicht zu spüren kriegen. Glück gehabt!

Mir war nicht klar, wie wichtig ein *hangi* in der Maori-Kultur ist, bis ich am Ende der Woche eine Grube ausheben musste, um darin zu kochen. Dazu erhitzen wir Steine im Feuer und schaufeln sie in die Grube. Dann wickeln wir *kaimoana* (Meeresfrüchte) und *kaiwhenua* (Nahrung vom Land) in Puka-Blätter, legen sie in Körbe und hinein in die Grube, bedecken alles mit feuchten Säcken und am Ende mit Erde, um die Hitze zu halten. Keine leichte Übung für einen Koch, der gewohnt ist, sein Gargut zwischendurch zu überprüfen: Einmal verschlossen, wird die Grube erst wieder geöffnet, wenn das Essen fertig ist – drei bis vier Stunden später. Die Kontrolle abzugeben, fällt mir nicht leicht. Aber es lohnt sich – das Ergebnis des langen Garprozesses ist butterzartes Fleisch, das vom Knochen fällt, und köstliches Gemüse mit einem rauchig erdigen Duft!

In einem vollendeten Maori-Gericht finden sich die vier Ökosysteme in Harmonie und Balance, und die Verbindung der Maori mit allem, was Land und Wasser als Nahrung schenken, scheint beinahe heilig. Ihre Inspiration werde ich überallhin mitnehmen.

INSIDERWISSEN

MAORI-TRADITIONEN

An einem Gewässer im Matukituki-Valley brachte Jeromy van Riel mir bei, wie man Kurzflossenaale mit der bloßen Hand fängt. Er erzählte mir, wie wichtig den Maori die Verbindung zur Quelle ihrer Nahrung ist. »Alles dreht sich um *Puku* (Bauch), die Quelle aller Gefühle.« Jeromy unterrichtet seit 25 Jahren *Te Reo Maori* (die Maori-Sprache) in allen Niveaustufen, vom Grundkurs bis zum Master. Zudem ist er Künstler und kreiert umwerfende Arbeiten aus Nephrit-Pounamu, einem einheimischen »Grünstein«. Man schreibt ihm Lebenskraft zu und eine besondere Bedeutung für seine Träger.

Gordon und Jeromy van Riel zeigen stolz ihren Fang!

GESCHMORTE KEULE UND SCHULTER VON DER ZIEGE

MIT FUCHSIENBEEREN-CHUTNEY

ZUTATEN FÜR 6 BIS 8 PERSONEN

GESCHMORTE ZIEGE

1 Ziegenkeule mit Knochen

1 Ziegenschulter mit Knochen

60 ml Olivenöl

1 EL fein gehackte Rosmarinblätter

2 EL fein gehackte Thymianblätter

2 EL Leinöl

2 EL gehackter Knoblauch

1½ EL Salz

1 EL geräuchertes Paprikapulver

1 EL gemahlener Koriander

1 TL Abrieb von einer unbehandelten Zitrone

1 TL frisch gemahlener schwarzer Pfeffer

15–20 Weinblätter oder Bananenblätter

2 l Hühnerbrühe

FUCHSIENBEEREN-CHUTNEY

1 EL Butter

1 Schalotte, abgezogen und fein gewürfelt

1 TL gehackter Knoblauch

1 TL gehackter Ingwer

Salz

frisch gemahlener schwarzer Pfeffer

250 g Fuchsienbeeren oder rote Johannisbeeren

1 EL brauner Zucker

60 ml Orangensaft

2 EL Rotweinessig

1 EL natives Olivenöl extra

Süßkartoffel-Fladenbrot, zum Servieren (Seite 85)

ZUBEREITUNG

1. Für die **geschmorte Ziege** Keule und Schulter auf ein großes Schneidbrett legen.

2. In einer kleinen Schüssel Olivenöl, Rosmarin, Thymian, Leinöl, Knoblauch, Salz, Paprika, Koriander, Zitronenabrieb und Pfeffer vermengen.

3. Die Ziegenkeule und -schulter mit der Marinade einreiben und mindestens 6 Stunden im Kühlschrank ruhen lassen (besser über Nacht).

4. Einen Grill (oder den Backofengrill) auf 200 °C vorheizen.

5. Die Ziegenkeule und -schulter grillen, bis das Fleisch rundum eine röstbraune Farbe hat. Das Fleisch beiseitestellen.

6. Die Weinblätter auf einem Schneidebrett so anordnen, dass sie sich überlappen. Ziegenkeule und Schulter in die Mitte der Blätter legen, fest einwickeln und mit Küchengarn verschnüren.

7. Den Backofen auf 140 °C vorheizen.

8. Das Ziegenfleisch in einen großen Bräter geben und Hühnerbrühe hinzufügen, bis die Fleischstücke halb bedeckt sind. Den Bräter mit Alufolie abdecken und in den Ofen stellen.

9. Das Fleisch 3 Stunden schmoren, bis es so zart ist, dass es fast vom Knochen fällt.

10. Für das **Fuchsienbeeren-Chutney** in einer großen Schwenkpfanne die Butter bei mittlerer Temperatur schmelzen. Schalotte, Knoblauch und Ingwer hinzufügen und 3 Minuten glasig anschwitzen. Mit Salz und Pfeffer würzen.

11. Die Beeren und den braunen Zucker hinzufügen und köcheln, bis die Beeren langsam platzen und ihre Flüssigkeit abgeben.

12. Die Temperatur auf niedrige Stufe herunterdrehen, Orangensaft und Rotweinessig hinzufügen und weiter köcheln, bis das Chutney leicht eindickt. Zum Schluss mit Olivenöl abschmecken.

13. Sobald sich das Fleisch vom Knochen löst, aus dem Bräter nehmen und vorsichtig schnetzeln.

14. Die geschmorte Ziege mit dem Chutney und Süßkartoffel-Fladenbrot servieren.

GEDÄMPFTER KARAMELLKUCHEN

Rezept inspiriert von Monique Fiso

ZUTATEN FÜR 2 KASTENFORMEN

70 g plus 250 g Zucker

150 ml kochendes Wasser

300 g Weizenmehl Type 405

2 TL gemahlenes Lebkuchengewürz

1 TL Backpulver

¼ TL Salz

240 g Butter, gekühlt und gewürfelt

3 große Eier, verquirlt

ZUBEREITUNG

1. Den Backofen auf 150 °C vorheizen.

2. Ein tiefes Backblech etwa 2,5 cm hoch mit Wasser füllen und in die Mitte des Ofens stellen, um es zu erhitzen. Zwei Kastenformen (für je 500 g Backmasse) leicht mit Antihaftspray einsprühen.

3. In eine mittelgroße Schwenkpfanne 70 g Zucker geben und unter ständigem Rühren bei mittlerer Temperatur etwa 10 Minuten erhitzen, bis er goldbraun karamellisiert.

4. Die Schwenkpfanne vom Herd nehmen und vorsichtig das kochende Wasser eingießen. Die Mischung rühren, bis sie sirupartig eindickt, dann beiseitestellen.

5. In einer großen Rührschüssel Mehl, 250 g Zucker, Lebkuchengewürz, Backpulver und Salz vermischen. Die Butter hinzufügen und mit den Fingerspitzen mit den Trockenzutaten verkneten, bis die Mischung eine grobsandige Textur annimmt. Die Eier hinzugeben und mit einem Holzlöffel unterheben.

6. Den Sirup aus der Schwenkpfanne in die Backmasse geben und weiterrühren, bis ein dickflüssiger Teig entsteht. Den Teig auf die beiden vorbereiteten Kastenformen verteilen und mit Alufolie abdecken.

7. Die Kastenbackformen in das mit Wasser gefüllte Backblech setzen und im Ofen 2 Stunden backen. Dann die Probe machen: Mit einem Zahnstocher in die Mitte des Kuchens einstechen; haften beim Herausziehen keine Teigreste mehr an, ist der Kuchen fertig.

8. Die Kuchen aus den Formen nehmen und auf einem Rost abkühlen lassen.

9. Zum Servieren in Scheiben schneiden und warm oder bei Raumtemperatur servieren.

SÜSSKARTOFFEL-FLADENBROT

MIT KORIANDER

Rezept inspiriert von Monique Fiso

ZUTATEN FÜR 6 BIS 8 PERSONEN

2 EL plus 2 TL Salz

2 große Süßkartoffeln, mit Schale

60 g Butter

1 EL gehackter Knoblauch

2 EL gehackter frischer Koriander

30 g Weizenmehl Type 405 plus mehr zum Bestauben

1 TL frisch gemahlener schwarzer Pfeffer

Meersalzflocken

ZUBEREITUNG

1. In einem mittelgroßen Topf 2 l Wasser und 2 EL Salz vermischen und bei mittlerer Temperatur mit den Süßkartoffeln zum Kochen bringen.

2. Die Temperatur reduzieren und 20 Minuten köcheln, bis die Süßkartoffeln gar sind.

3. Einen Grill (oder den Backofengrill) auf 200 °C vorheizen.

4. In einem kleinen Topf die Butter und den Knoblauch auf niedriger Stufe erwärmen.

5. Die Süßkartoffeln abgießen und sofort pellen. Mit einem Kartoffelstampfer die Kartoffeln rasch zerdrücken, bis eine glatte Masse entsteht.

6. Die Hälfte des Korianders und so viel Mehl hinzugeben, dass ein geschmeidiger Teig entsteht.

7. Den Teig mit dem Pfeffer und den restlichen 2 TL Salz würzen.

8. Auf einer leicht bemehlten Arbeitsfläche den Teig vorsichtig kneten, bis sich alles verbindet. Aber nicht zu lange kneten!

9. Den Teig in vier gleich große Kugeln teilen und jede Kugel etwa 6 mm dick kreisförmig ausrollen.

10. Die ausgerollten Teigfladen auf den Grill (oder unter den Backofengrill) legen und schwarzbraun backen. Mit einem Küchenpinsel die Fladen gleichmäßig mit der Knoblauchbutter bestreichen.

11. Die Brote mit Meersalzflocken und dem restlichen Koriander bestreuen.

Mauis zerklüftete Hana-Küste – atemberaubende Landschaft und Heimat vielfältiger kulinarischer Traditionen.

KAPITEL 5

DIE HANA-KÜSTE VON HAWAII

Eine beeindruckende Palette lokaler Zutaten und der faszinierende Einfluss der Seefahrer auf Hawaiis kulinarische Traditionen

Gordon lernt, wie man *kalo* (*taro*) erntet: mit der Karate-Kick-Methode.

DIE KÜCHE HAWAIIS hat sich unter dem Einfluss von Einwanderern entwickelt und ist weit mehr als Dosenfleisch (*spam*) und Poke Bowls. Polynesische Seefahrer folgten dem Wind, den Sternen, Vögeln und Meereswellen, fuhren in Ausleger- und Doppelhüllen-Kanus, kreuzten zwischen Hawaii und dem polynesischen Dreieck. Spätere Ankömmlinge trugen ebenfalls zur Vielfalt der hawaiianischen Küche bei. Kanupflanzen, so benannt, da sie mit eben jenen Kanus kamen, waren für die Bedürfnisse des menschlichen Überlebens existenziell: Nahrung, Medizin, Stoffe, Behältnisse, Tauwerk. Die Kanupflanzen, ein prägender Teil der hawaiianischen Kultur, sind aus dem heutigen Hawaii nicht wegzudenken – Wasserbrotwurzel (*kalo* oder *taro*), Rauschpfeffer (*'awa*, *kava*), Lichtnuss (*kukui*), Banane (*mai'a*), Kokosnuss (*niu*), Süßkartoffel (*'uala*), Brotfrucht (*'ulu*).

Hana-Küste: Weiß-gischtige Wellen treffen auf vulkanische Klippen.

KURZ-INFO

ORT

Polynesische Seefahrer gingen vor etwa 1500 Jahren auf Hawaii an Land. Zusammen mit anderen Einwanderern aus dem Pazifik haben sie die Traditionen und die Küche der Inseln geprägt.

GEOGRAFIE

Die 132 vulkanischen Inseln von Hawaii bilden die größte Inselkette der Welt, aber nur sieben davon sind bewohnt. Ich war unterwegs an der Hana-Küste von Maui.

FOOD FACT

Kanu-Pflanzen – so benannt, da sie ursprünglich mit den Kanus auf die Inseln kamen – sind ein wesentlicher Bestandteil der traditionellen hawaiianischen Küche.

Besonders bedeutsam: *kalo*. Nach dem *kumulipo*, dem hawaiianischen Schöpfungsgesang, begann das Leben der Menschen mit der Kalo-Pflanze, in der alle Hawaiianer ihre Wurzeln sehen und die als heilige Verbindung zu ihren Ahnen gilt. *Poi* (*kalo*-Brei) ist bis heute ein hawaiianisches Grundnahrungsmittel, aber nur eine der vielen Verwendungsarten, denn *kalo* steckt in allem, in Mehl-, Gemüse-, Kartoffel- und Süßspeisen. Ererbtes Wissen über die Zubereitung dieser Pflanze ist besonders wichtig, denn *kalo* enthält Calziumoxalat-Kristalle, die erst beim Kochen zerfallen; roh verzehrt, kann es zu Schmerzen im Mund oder Gicht und Nierensteinen kommen.

Chefkoch Sheldon Simeon aus Hilo (der größten Stadt auf Big Island) fügt der Küche Hawaiis eine Prise seiner eigenen Geschichte bei. In seinem Restaurant Tin Roof präsentiert er eine multikulturelle Küche, die Einwanderer wie seine philippinischen Großeltern kreiert haben. Auf Hawaii als *piko* (Nabel) des Pazifiks finden vielschichtige Aromen zusammen.

TIEFTAUCHGANG
Speerfischen vor der Hana-Küste auf Maui

»Die Passatwinde bringen all die verschiedenen Kulturen mit, die hier nahtlos miteinander verschmelzen«, erzählt Sheldon, als ich ihn auf Maui treffe. »Immer, wenn jemand hier seine Spuren hinterlässt, kommt eine köstliche Schicht hinzu.«

An der Hana-Küste geht es vom Strand aus kurvig bergan, vorbei an Häusern in Höhenlage, durch smaragdgrüne Schluchten, tief eingekerbt von Bächen und Wasserfällen zwischen gratartigen Bergen. Vom Wasser aus besonders schön zu sehen, sind die *ahupua'a*, natürlich geformte keilförmige Landstücke, die bis zu den Gipfeln der Berge hinaufreichen und sich zur Küste hin verbreitern – ein traditionelles Unterteilungssystem von Land, das den Bewohnern der einzelnen Gebiete eine Fülle lebenswichtiger Ressourcen

ADRENALINRAUSCH

APNOE-TAUCHEN

Beim Apnoe-Tauchen geht es entgegen der landläufigen Meinung nicht so sehr darum, die Luft anzuhalten, vielmehr darum, bei Unbehagen die Ruhe zu bewahren. In einer Art Unterwassermeditation. Ich treffe Kimi Werner, Weltrekordlerin im Speerfischen. Für sie bedeutet Apnoe-Tauchen friedvolle Ruhe, vollkommen präsent zu sein. »Das Wichtigste ist, sich zu entspannen«, sagt sie. »Du musst tief in dich gehen, dich von deinem tiefsten Inneren leiten lassen, nicht von deinem Kopf.« Kimi ist zudem gelernte Köchin, gefeierte Künstlerin, inspirierende Rednerin und Umweltaktivistin. Wie für die meisten Hawaiianer spielt der Ozean auch in ihrem Leben eine zentrale Rolle.

Kimi Werner bereitet Gordon auf den Apnoe-Tauchgang vor.

sicherte. Beides, Wasser und Land, ist in der hawaiianischen Kultur fest verankert.

Das buchstäbliche »Eintauchen« in die Fülle natürlicher Ressourcen ist nicht nur Erbe der ersten polynesischen Siedler, sondern auch fester Bestandteil der modernen hawaiianischen Kultur. Umgeben vom Meer, sind die Menschen in hohem Maße vom Fischfang abhängig, und ein erfolgreicher Fischer ist in der Gemeinschaft hochgeachtet. Eine traditionelle Tauchmethode ist das Schnorcheln zum Sammeln von Seeigeln, Langusten oder *opihi* (Napfschnecken), auch »Fische des Todes« genannt, da die Taucher sich beim Pflücken der Delikatesse vom Küstenfels tödlichen Gefahren aussetzen. Doch die nehmen sie für den süßlich-cremigen, natürlich salzigen Genuss in Kauf! Zudem gehe ich Apnoe-Tauchen und Speerfischen mit Kimi Werner, einer der besten Taucherinnen der Welt. Und als wäre dies nicht Herausforderung genug, muss ich ein waches Auge auf Haie haben. Unter Wasser aber kann ich die enge Verbundenheit der Hawaiianer mit den Lebensgemeinschaften des Meeres gut verstehen.

Im Jahr 1868 führte König Kamehameha V. acht Axishirsche auf Molokai ein. Heute sind es über 100 000 auf Molokai, Lanai und Maui. Zusammen mit anderen nicht-heimischen Huftieren wie Ziegen und Schweinen schädigen sie wichtige Tiefland-Ökosysteme wie bewaldete Wassereinzugsgebiete ganz erheblich. Die Bejagung dieser Tiere und die Einführung von Wildbret gibt den Hawaiianern die Möglichkeit, die Nahrungssicherheit, die lokale Wirtschaft und die Gesundheit der Ökosysteme der Inseln zu verbessern.

SCHLAGLICHT

CHEFKOCH SHELDON SIMEONS WAHRES HAWAII

Chefkoch Sheldon Simeon aus Hilo auf Hawaii hat die Liebe zum Kochen von seinen philippinischen Eltern geerbt. Neben einem Praktikum in Walt Disney World hat er den Großteil seiner kulinarischen Ausbildung auf Hawaii absolviert. Der zweimalige Finalist der Show *Bravo's Top Chef* betreibt auf Maui das Tin Roof, ein beliebtes Restaurant. Sein Buch *Cook Real Hawai'i* widmet er den lokalen Lebensmitteln, die seine *'ohana* ernähren (hawaiianisch für »Familie«, enge Freunde inklusive), und erzählt anhand dieser auch die Geschichte des Archipels. Das Essen ist auf Hawaii eine gebende Kraft, die Menschen zusammenbringt, um sich über ihr kulinarisches Erbe auszutauschen.

Und diese Geschichte schreibt sich fort, da Traditionen sich mit der Zeit und den Menschen verändern. Die kulinarischen Kreationen der einzelnen Kulturen beeinflussen sich gegenseitig. »Hawaiianisches Essen wurde hier schon immer zelebriert«, sagt Sheldon. »Da immer mehr Menschen die Welt durch die Linse der Vielfalt betrachten und die kulinarische Welt immer universeller wird, bekommt die hawaiianische Küche endlich das Rampenlicht, das ihr gebührt. Für mich ist sie ein leuchtendes Beispiel für all das Großartige, das entstehen kann, wenn Kulturen verschmelzen.«

Chefkoch Sheldon Simeon, eine fangfrische Languste in der Hand, spricht mit Gordon über hawaiianische Meeresfrüchte.

HEIMISCHE WURZELN
Von Schildern am Straßenrand über lokale Produkte bis hin zu majestätischen, versteckten Wasserfällen – Hawaii ist voller leuchtender Farben und Aloha-Spirit.

Das ökologische Gleichgewicht ist von entscheidender Bedeutung, denn aufgrund der extremen Isolation sind nur hier auf dem Archipel heimische Arten durch eingeführte nichtheimische Arten heute stark bedroht.

ONO Organic Farms ist eine der größten Bio-Farmen auf Hawaii, die eine Fülle tropischer Früchte, Kakao und Arabica-Kaffee anbaut und verkauft. Ich treffe Chuck Boerner, den ONO-Besitzer, der hier seit seiner Kindheit Landwirtschaft betreibt. Er nimmt mich mit auf eine wilde Fahrt über die Farm, wo ich hoffentlich etwas finde, das ich noch nie gesehen oder probiert habe: Nach zuckersüßen roten Bananen probieren wir extrem saure Bilimbi, eine Sternfrucht, die als Limettenersatz dient. Sie stammt ursprünglich aus Südostasien, wie so viele Fruchtsorten auf Hawaii. Chucks Farm ist ein weiteres gutes Beispiel für die faszinierende Kombination aus verschiedenen Kulturen und Küchen.

Die Küstenstraße nach Hana auf Maui hat es in sich, selbst bei bestem Wetter. Der schmale Hana Highway, alias Road to Hana, hat 620 Kurven und 59 Brücken, vorbei an Regenwäldern und Wasserfällen. Da Besucher hier häufig anhalten, um die spektakulären Küstenlandschaften zu genießen, kann die Fahrt gut zwei bis vier Stunden dauern. Ein Glück, dass es unterwegs fantastische Imbiss-Stopps gibt. Uncle Russell's Huli Huli Chicken-Bude ist ein Muss! Russell dreht und wendet das süß-rauchige Grillhähnchen auf einem großen Grill (*huli* ist hawaiianisch für »wenden«). Ein weiteres köstliches Highlight am Straßenrand ist Aunty Sandy's Banana Bread, wo mich die backfrischen Bananenbrote in meine Kindheit zurückversetzen.

Vielleicht ist Hawaii deshalb so beliebt. Denn Aloha ist mehr als nur ein Gruß – es ist ein Gefühl der gegenseitigen Achtung, ein Leben in Harmonie mit Land und Leuten. Die Passatwinde haben den kulinarischen Topf gut durchgerührt und eine einmalige Küche erschaffen – eine Mischung aus der Geschichte aller.

SO SCHMECKT HAWAII

WASSERBROTWURZEL

P*oi* ist ein Grundnahrungsmittel aus der Knolle der *kalo*-Pflanze (*taro*), die vor etwa 1000 Jahren mit den Polynesiern nach Hawaii kam. Erste Siedler pflanzten rund 300 *kalo*-Sorten an, Feucht- und Trockenlandsorten. Wade Latham, *kalo*-Farmer auf Maui, zeigte mir, wie man die Pflanze aus dem *lo'i* zieht, ihrem Schlammbeet, in dem es so glitschig war, dass ich Mühe hatte, das Gleichgewicht zu halten. Nachdem wir die *kalo*-Knollen gedämpft und geschält hatten, zerstampften wir sie mit Wasser, um die perfekte *poi*-Konsistenz zu erhalten – glatt und klebrig.

Die *kalo*-Pflanze (*taro*) ist ein Grundnahrungsmittel der Hawaiianer und zentraler Bestandteil ihrer Kultur.

POI-NACOTTA

MIT KOKOSSAHNE

ZUTATEN FÜR 8 PERSONEN

POI

1 Wasserbrotwurzel (Taro) oder 1 kleine Süßkartoffel (etwa 65 g)

3 EL kochendes Wasser

CREME

400 ml Vollmilch

100 g Zucker

2 EL Maisstärke

2 Eier

1 Vanilleschote, ausgekratzt

KOKOSSAHNE

230 g Kokoscreme

200 g süße Sahne

30 g Puderzucker

Abrieb von 1 unbehandelten Limette

ZUBEREITUNG

1. Für das **Poi** in einem kleinen Stieltopf Wasser zum Kochen bringen und die Taro darin 30 Minuten kochen, dann aus dem Wasser nehmen und 10 Minuten abkühlen lassen. Die Taro schälen, in eine mittelgroße Rührschüssel geben und 3 EL kochendes Wasser hinzufügen. Die Mischung pürieren, bis eine glatte Masse entsteht.

2. Für die **Creme** in einem großen Stieltopf Milch, Zucker und Maisstärke verrühren. Die Mischung bei mittlerer Temperatur zum Kochen bringen, dann sofort herunterdrehen und weiter köcheln.

3. In einer mittelgroßen Rührschüssel die Eier verquirlen. Mit einem Schöpflöffel die heiße Milchmischung langsam und unter ständigem Rühren in die Eimasse geben, damit sie nicht gerinnt.

4. Die temperierte Ei-Milch-Mischung langsam zurück in den Topf gießen und bei mittlerer Temperatur etwa 15 Minuten schlagen, bis die Masse eindickt. Die Creme vom Herd nehmen und das ausgekratzte Vanillemark und Poi einrühren.

5. Die Creme durch ein feines Sieb seihen und in Servierschalen oder Kokosnuss-Schalen portionieren. In den Kühlschrank stellen und 1 Stunde stocken lassen.

6. Für die **Kokossahne** in einer großen Rührschüssel Kokoscreme, Sahne und Puderzucker mit einem elektrischen Handrührgerät aufschlagen, bis sich etwas festere Sahnespitzen bilden.

7. Die erkaltete Creme mit der Kokossahne krönen und mit dem Limettenabrieb garnieren.

STAUB

GEGRILLTE LANGUSTE

MIT SCHWARZER BOHNENSAUCE, POHOLE UND SEEIGEL-ROGEN

Rezept von Sheldon Simeon

ZUTATEN FÜR 2 BIS 3 PERSONEN

1 ganze Languste (à 1 kg)

SAUCE AUS SCHWARZEN BOHNEN

200 g schwarze Bohnen, gekocht oder aus der Dose

2 große Knoblauchzehen, abgezogen und gehackt

1 Stück Ingwer (à 5 cm), geschält und fein gehackt

2 EL Sambal Oelek

2 EL Sojasauce

1 Dose Kokosmilch (à 400 ml)

500 g Pohole (junge Farnspitzen), gewaschen und vom holzigen Stängel getrennt

1 Bund frischer Koriander, die Blättchen grob gehackt

1 Bund Frühlingszwiebeln, in Ringe geschnitten

1 Bund Brunnenkresse, gehackt

90 g Uni (Seeigel-Rogen)

ZUBEREITUNG

1. Die Languste aufbrechen: Dazu mit der Spitze eines großen Kochmessers in die Spalte am Kopf gleich hinter den Augen stechen. Kräftig nach unten drücken, um den Kopf in zwei Hälften zu spalten. Abfälle entfernen und die Languste gründlich abspülen.

2. Die Antennenarme abdrehen, dann den Schwanz vom Körper trennen, ebenfalls durch Drehen. Den Schwanz der Länge durchschneiden, sodass das Fleisch freiliegt.

3. Für die **Bohnensauce** die schwarzen Bohnen in einen großen Suppentopf geben und bei mittlerer Temperatur zu einer groben Masse zerdrücken. Knoblauch, Ingwer, Sambal Oelek und Sojasauce hinzugeben und verrühren. Kurz aufkochen, bis sich ein feiner Duft entfaltet, dann köcheln lassen.

4. Die Kokosmilch hinzugeben und unter Rühren 10 Minuten köcheln.

5. Einen Grill auf 200 °C vorheizen.

6. Die **Langusten-Teile** mit der Fleischseite nach unten auf den Grill legen und 10 Minuten grillen, bis sie nicht mehr glasig und durchgegart sind.

7. Die **Pohole** auf den Grill legen und 3 Minuten braunschwarz rösten.

8. Die gegrillte Languste und Pohole in den Topf mit der Bohnensauce geben. Mit Koriander, Frühlingszwiebeln, Brunnenkresse und Seeigel-Rogen garnieren. Einfach im Topf auf den Tisch!

SHEPHERD'S PIE VOM HIRSCH

MIT BROTFRUCHTPÜREE UND BIERSAUCE

ZUTATEN FÜR 4 PERSONEN

BROTFRUCHTPÜREE

400 g Brotfrucht, geschält und in 5 cm große Würfel geschnitten (ersatzweise Kartoffeln, Pastinaken oder Knollensellerie)

2 EL Salz plus mehr nach Bedarf

60 ml Milch

120 g Butter, gewürfelt und gekühlt

½ TL gemahlener weißer Pfeffer

SHEPHERD'S PIE

1 EL Butter

120 g gewürfelte Karotten

75 g gewürfelte Zwiebel

50 g gewürfelter Sellerie

3 EL gehackter Knoblauch

1 EL frische Thymianblätter

3 TL Salz, einzeln aufgeteilt

1½ TL frisch gemahlener schwarzer Pfeffer

400 g Hirschfleisch, in 5 cm große Würfel geschnitten

30 g Wondra-Mehl (ersatzweise Instantmehl)

250 ml Lagerbier (helles Bier)

500 ml Wild-, Rinder- oder Hühnerbrühe

hawaiianisches Lava-Salz

1 EL gehackte frische Petersilie

ZUBEREITUNG

1. Für das **Brotfruchtpüree** in einem großen Topf die Brotfrucht mit 1,8 l Wasser und dem Salz zum Kochen bringen und etwa 20 Minuten köcheln, bis die Brotfrucht weich ist, aber nicht zerfällt.

2. Die Brotfrucht abseihen und durch eine Kartoffelpresse drücken.

3. Das Brotfruchtpüree zurück in den Topf geben und auf eine lauwarme Platte stellen.

4. Die Milch etwa 5 Minuten unterrühren, bis sie sich mit der Masse verbunden hat und diese am Topfboden zu haften beginnt.

5. Unter stetem Rühren die gewürfelte Butter hinzufügen und vollständig einarbeiten.

6. Das Püree mit weißem Pfeffer und nach Bedarf mit Salz abschmecken.

7. Für den **Shepherd's Pie** in einer großen Gusseisenpfanne die Butter bei mittlerer Temperatur schmelzen. Karotte, Zwiebel, Sellerie, Knoblauch und Thymian hinzufügen und alles dünsten, bis es zu karamellisieren beginnt. Mit 2 TL Salz und 1 TL schwarzem Pfeffer würzen. Das Gemüse in eine Schüssel geben und beiseitestellen.

8. Das Hirschfleisch mit dem restlichen TL Salz und dem halben TL Pfeffer würzen. Das gewürzte Hirschfleisch in Wondra-Mehl wälzen und in die heiße Pfanne geben. Von allen Seiten scharf braun anbraten.

9. Mit dem Bier ablöschen und alle Bratreste vom Pfannenboden lösen.

10. Die Brühe und das gedünstete Gemüse hinzufügen und zum Köcheln bringen. Auf niedriger Temperatur 15 Minuten köcheln, bis die Sauce eindickt.

11. Den Backofen auf 190 °C vorheizen.

12. Das Fleisch und Gemüse aus der Pfanne in eine Auflaufform geben (23 × 33 cm) geben, mit dem Brotfruchtpüree bedecken und 20 Minuten backen, bis die Oberfläche goldbraun ist. Für eine dunklere Kruste kurz unter dem Backofengrill bräunen.

13. Mit einer Prise Lava-Salz und frischer Petersilie bestreuen.

HIRSCHRÜCKENSTEAK VOM GRILL

HAWAIIANISCHE ART MIT ANANAS-CHILI-GLASUR

ZUTATEN FÜR 4 PERSONEN

HAWAIIANISCHE ANANAS-CHILI-GLASUR

1 Ananas, vom Strunk befreit, geschält und geviertelt

120 ml Sojasauce

80 ml Reisessig

3 EL Honig

2 kleine hawaiianische Chilischoten oder Habaneros, fein gewürfelt

Abrieb und Saft von 1 unbehandelten Limette

½ TL Salz

WILD

750 g Hirschrücken, in zwei Stücke geschnitten, pariert

2 EL Traubenkernöl

2 TL Salz

1 TL frisch gemahlener schwarzer Pfeffer

hawaiianisches Lava-Salz

ZUBEREITUNG

1. Einen Grill auf 200 °C vorheizen.

2. Die Ananasviertel auf den Grill legen und 5 Minuten goldbraun rösten. Die Ananasviertel in kleine Würfel schneiden. Den Grill heiß halten und inzwischen die Glasur zubereiten.

3. Für die Glasur in einem kleinen Stieltopf Ananaswürfel, Sojasauce, Reisessig und Honig vermischen. Die Mischung bei mittlerer Temperatur zum Kochen bringen und 10 Minuten zu einer dicken Glasur einkochen.

4. Sobald alles eingedickt ist, Chili, Limettenabrieb und -saft sowie das Salz hinzufügen. Abschmecken nach Belieben. Etwa die Hälfte der Glasur zum Bestreichen des Fleisches verwenden (siehe Schritt 7), den Rest später zu den gegrillten Steaks servieren.

5. Für die **Hirschrückensteaks** das Fleisch mit Öl bepinseln und mit Salz und Pfeffer würzen.

6. Die beiden gewürzten Fleischstücke auf dem Grill von allen Seiten scharf anbraten.

7. Sobald das Fleisch Farbe angenommen hat, mit der Ananas-Chili-Glasur bestreichen.

8. Das Fleisch unter ständigem Wenden mit der Ananas-Chili-Glasur bestreichen, bis es zu karamellisieren beginnt und eine Kerntemperatur von 57 °C hat, etwa 5 Minuten. Darauf achten, das Fleisch nur kurz zu grillen, da es sehr mager ist und daher schnell trocken und zäh wird.

9. Das Fleisch vom Grill nehmen und mindestens 5 Minuten ruhen lassen.

10. Das Fleisch in Medaillons schneiden und mit Lava-Salz bestreuen. Mit der restlichen Ananas-Chili-Glasur servieren.

Provinz KwaZulu-Natal (KZN) im Südosten Südafrikas: Der Sonnenuntergang taucht eine Antilopenherde in feuriges Rot.

KAPITEL 6

SÜDAFRIKAS WILDNIS

Im Stammesland der Zulu
ist die südafrikanische Küche
von einer Fülle der Kulturen inspiriert.

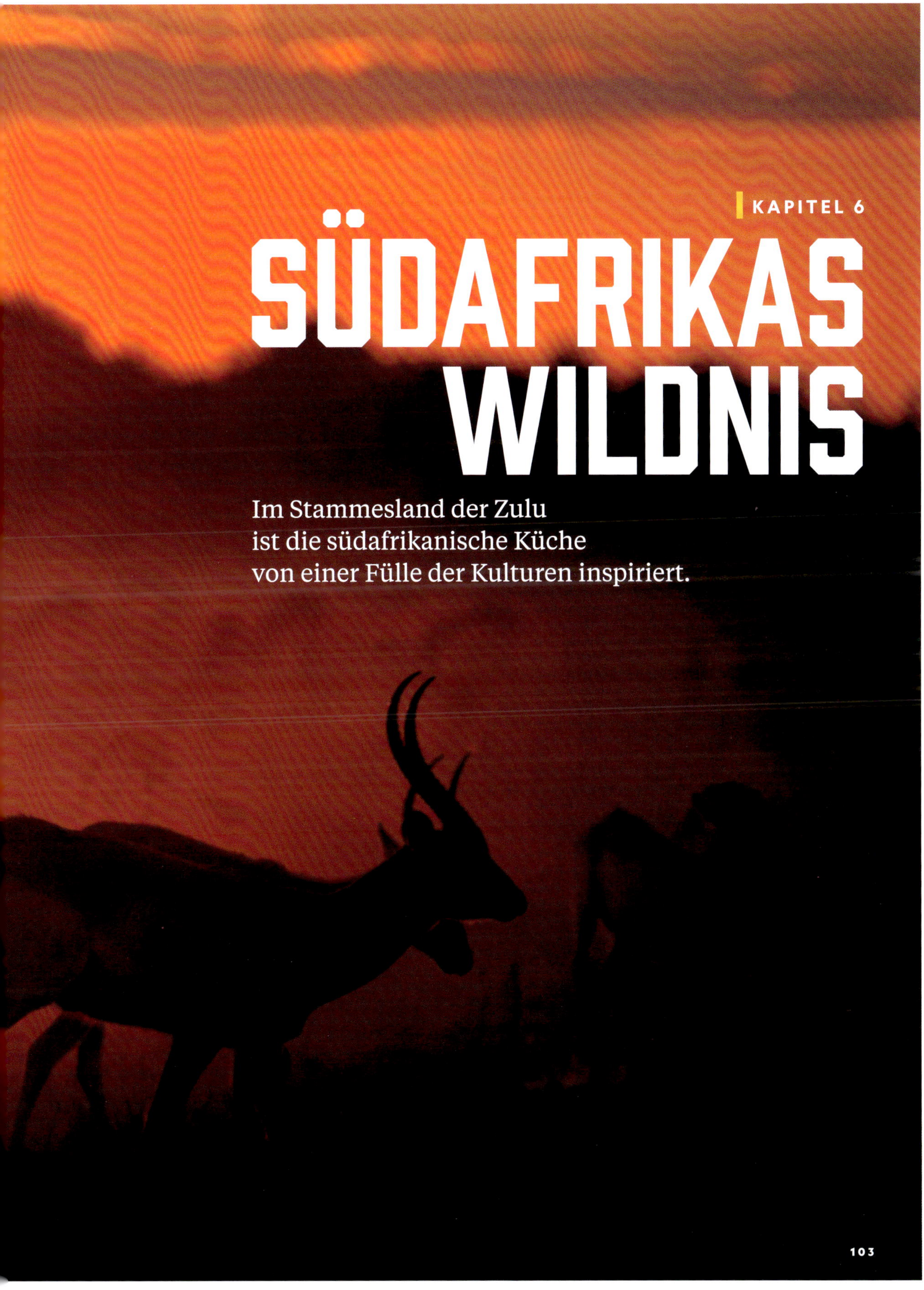

Beim Angeln in KwaZulu-Natal: Gordon strahlt übers ganze Gesicht.

DIE PROVINZ KWAZULU-NATAL (KZN) liegt an der südöstlichen Küste Südafrikas. Die zweitgrößte und an Flora und Fauna vielfältigste Provinz des Landes erstreckt sich von der subtropischen Küste des Indischen Ozeans bis zu den Sandsteinklippen und gigantischen Gipfeln des Ukhahlamba-Drakensberg Parks. Sie ist Stammesland der Zulu, der größten Volksgruppe Südafrikas. Die wechselvolle Geschichte der Zulu, die sich im Kampf ums Überleben gegen Mensch, Tier und Terrain behaupten mussten, hat eine unglaubliche Küche hervorgebracht. Die Landwirtschaft spielte in der Kultur der Zulu von jeher eine wichtige Rolle. Aufgrund ihrer historisch bedingten (semi)nomadischen Lebensweise als Bauern stehen Getreide, Wildpflanzen und Fleisch im Mittelpunkt der Zulu-Küche. Durch altbewährte landwirtschaftliche Praktiken sind viele ihrer Lebensmittel reine Bio-Produkte und müssen nicht aufwendig verarbeitet werden – die Zutaten sprechen für sich.

Elefanten, Giraffen und Leoparden bevölkern die Savannen im iSimangaliso Wetland Park.

KURZ-INFO

ORT

KwaZulu-Natal, Südafrika: Zusammen mit der Zulu-Gemeinschaft, Bauern und Viehzüchtern, die auf das angewiesen sind, was das Land hergibt, erkunde ich uralte Nahrungstraditionen.

GEOGRAFIE

KwaZulu-Natal ist eine Bergregion, die sich von der Ostküste Südafrikas bis auf Höhen von über 3350 m im Landesinneren erstreckt.

FOOD FACT

Bei einem traditionellen Braai (Barbecue) wird über örtlich geschlagenem Holz gegrillt, aber landesweit auch über Holzkohle.

Die Zulu sind traditionell auch Viehzüchter und legen großen Wert auf ihr Vieh, denn es gilt als Reichtum. Fleisch von Rind, Ziege und Lamm, über offener Flamme im Freien gegart, steht im Zentrum der südafrikanischen Koch- und Esskultur.

»Braai, das Grillen über offenem Feuer, ist die traditionelle Kochmethode der Zulu, damals wie heute«, erklärt mir Chefköchin Zola Nene, als sie mir nebenbei mitteilt, dass ich im großen Kochduell für einen Zulu-Häuptling kochen müsse, einen direkten Nachfahren von König Shaka Zulu, den Gründer des Zulu-Reichs. Aber Braai ist mehr als nur Grillen über offener Flamme – es geht um Familie, Gemeinschaft und Zusammenkommen. Braai ist Afrikaans und bedeutet so viel wie »braten« oder »grillen«, hat seinen Ursprung aber weit vor der Ankunft der holländischen Siedler im 17. und 18. Jahrhundert.

REISE-EINMALEINS

NEUES ENTDECKEN

Auf lokalen Märkten lässt es sich wunderbar eintauchen in das Lebensgefühl eines Landes, um nicht nur etwas über regionale Zutaten und Lebensmittel zu erfahren, sondern auch über die Kultur. In KwaZulu-Natal zeigen sich insbesondere die Einflüsse der Zulu-Gemeinschaft, der niederländischen Siedler, britischen Kolonisten und indischen Arbeiter und sorgen für einen vielseitigen kulturellen Mix. Ein bisschen von allem zu probieren hilft, Erwartungshaltungen zu überwinden und vielleicht etwas völlig Neues kennenzulernen. Keine Angst, nicht alle Gewürze sind höllisch scharf.

TIERISCHE INSTINKTE
Zebras in den Savannen der Provinz KwaZulu-Natal.

Beim Braai heute werden Marinaden oder Würzpasten verwendet – der kolonial-niederländische Einfluss lässt grüßen. Traditionelle Braai-Gerichte aber kommen so gut wie ohne zusätzliche Aromen aus. Zola zeigt mir, wie das geht. »Die Küche ist einfach, spielt aber eine sehr wichtige Rolle, denn sie vereint alle Südafrikaner, die das Kochen unter freiem Himmel in irgendeiner Weise praktizieren«, sagt Zola. Leidenschaftlich verfolgt sie die Aufgabe, die Gerichte ihrer Vorfahren dem Rest der Welt näherzubringen.

Die politische und koloniale Vergangenheit hat einen facettenreichen kulinarischen Mix geprägt, insbesondere durch den Einfluss der Zulu-Krieger, der holländischen Siedler, britischen Kolonisten und indischen Arbeiter. KZN hat die größte indischstämmige Bevölkerungsgruppe außerhalb Indiens, und die starke Bindung an ihre Wurzeln hat einmal mehr zur Vielfalt der regionalen Küche beigetragen. Eine würzige Salsa wie *ushatini* (gehackte Zwiebeln, Tomaten, Chili) oder der Township-Klassiker *chakalaka* (Zwiebeln, Paprika, Karotten, Tomaten, gebackene Bohnen, Currypulver) zeigen die Integration indischer Gewürze in lokale Gerichte.

In einem Township in Durban treffe ich eine Frau, deren Familie über Generationen die Zulu-Marinade *pelepele* (zulu für »Chili« oder »Pfeffer«) perfektioniert hat. »Die kommt bei uns an jedes Essen«, versichert sie mir mit Nachdruck. Die Zutaten variieren je nach Familie, aber Chili, Zwiebeln, Knoblauch, Tomaten, Basilikum, Petersilie und Salz gehören immer dazu. Die scharfen Chilis in der *pelepele* sind ein weiteres Beispiel für den indischen Einschlag in dieser Region Südafrikas.

Braai ist mehr als nur Grillen über offener Flamme – es geht um Familie, Gemeinschaft und Zusammenkommen.

Beim Gang über den Markt in Durban bekomme ich ein noch besseres Gefühl für die Bedeutung der Gewürze hierzulande. Chilis gibt es nicht nur in allen erdenklichen Schärfegraden, sondern in scheinbar endlosen Farben, Sorten und Gewürzmischungen wie Curry Masala oder »Schwiegermutter-Killer«. Die Curry-Mischungen dieser Region gelten als die schärfsten der Welt und enthalten oft scharfen Cayennepfeffer, Curry-Masala, süßliche Gewürze oder Curryblätter.

Die vorgefertigten Mischungen für die heimische Küche können die Arbeit erleichtern, und die Gewürzhändler stellen Mischungen gerne auch je nach Kundenwunsch individuell zusammen – mit viel traditionellem Geschmack, aber nicht zu scharf.

Und die Schätze im Wasser! Das Barsch-Angeln hier ist etwas anders, als ich es von daheim kenne, nicht zuletzt, weil sich im Wasser riesige Flusspferde tummeln, auf die ich achten muss. Während ich lerne, dass sich unsere Angel-Köder, die Regenwürmer, in Nashornkot verstecken, wünsche ich mir nichts sehnlicher als eine Fischköder-Bude herbei. Aber der Stress hat sich gelohnt, denn ich fange einen Prachtkerl von Barsch für das große Kochduell.

Fisch benötigt auf dem Braai kaum Gewürze – leicht gesalzen kommt er auf den Grill und wird danach mit

SCHLAGLICHT

CHEFKÖCHIN ZOLA NENE: STOLZ, EINE ZULU ZU SEIN

Köchin, TV-Berühmtheit und Kochbuchautorin Zola Nene stammt aus Durban (Südafrika) und gilt als Meisterin der traditionellen südafrikanischen Küche. Ihre Leidenschaft für die Zulu-Küche übernahm sie von ihrer Mutter und Großmutter. Für ihren Traum, Köchin zu werden, gab sie ihren Beruf als Juristin auf und ging nach England. Zurück in Südafrika lehrte sie am Institute of Culinary Arts in Stellenbosch.

Ihre begeisterte Freude am Kochen brachte ihr einen Job als TV-Moderatorin eines kulinarischen Morgenmagazins ein, wo sie ihren bodenständigen Kochstil einem breiten Publikum vermittelte. Die Show avancierte rasch zum Erfolgsformat. Zolas Enthusiasmus ist ansteckend, ebenso wie ihr Stolz auf ihr Zulu-Erbe. Ihre beiden Kochbücher *Simply Delicious* und *Simply Zola* wurden mehrfach ausgezeichnet.

Unser besonderer Stargast beim großen Kochduell war, neben dem Zulu-Häuptling, ein Flusspferd, das uns beide recht nervös machte. »Dieses Flusspferd hat auch mich ziemlich abgelenkt«, sagte sie. »Es war beängstigend. Wir hatten schon Fluchtwege ausgeguckt, und ich bin froh, dass wir sie nicht gebraucht haben.«

Gordon schaut zu, während Chefköchin Zola Nene einen fangfrischen Fisch mit *ushatini*-Salsa garniert, einer Sauce aus gehackten Zwiebeln, Tomaten und Chilischoten.

INSIDERWISSEN

TIERVERHALTEN

Gut siebzehn Jahre schon ist Lonely Masiane einheimischer Guide und Wildtier-Experte im Naturschutzreservat Tala Game Reserve in KwaZulu-Natal. Das knapp 3000 Hektar große Gebiet umfasst viele verschiedene Naturräume. »Ich bin das erste Kind meiner Mutter«, erzählt er mir. »Da mein Vater nicht da war, fühlte sich meine Mutter in der Schwangerschaft etwas einsam, und so kam ich zu meinem Namen, Lonely.« Lonely hat so viel Zeit mit Nashörnern und Flusspferden verbracht, dass sie seine Freunde geworden sind. Sein Wissen über das Verhalten der Tiere war unglaublich hilfreich.

Lonely Masiane, einheimischer Wildtier-Experte.

Die Einfachheit der Zulu-Küche mit ihrer unaufgeregten Bescheidenheit und ihrem selbstverständlichen Respekt für die Produkte und ihre Zubereitung hat mich viel gelehrt.

einer kleinen Beilage wie *ushatini* garniert, um den Eigengeschmack zu heben.

Traditionelle Dampfbrote wie *uJeqe* und *dombolo* sind Grundnahrungsmittel in vielen Haushalten Südafrikas. Der Teig ist für beide der gleiche, wird aber unterschiedlich verarbeitet. Für *uJeqe* kommt er in einen Topf, und dieser in einen zweiten mit Wasser; *uJeqe* wird zu *chakalaka*, Fleisch, Suppe oder Eintopf serviert. Für *dombolo* gart der Teig oben auf einem Eintopf, der zugleich Beilage ist. Ein weitere Hauptnahrung ist *pap*, ein so vielseitiger wie günstiger Brei aus Maismehl. Je nach Vorliebe kommt er flüssiger, cremig oder kompakt auf den Tisch – mit Milch und Zucker zum Frühstück und mit Fleisch oder Gemüse zum Mittag- oder Abendessen.

Die Einfachheit der Zulu-Küche mit ihrer unaufgeregten Bescheidenheit und ihrem selbstverständlichen Respekt für die Produkte und ihre Zubereitung hat mich viel gelehrt. Sie hat mir die Augen geöffnet für das Erbe der Zulu – nichts zu verschwenden, bescheiden zu essen und den Reichtum der Aromen zu schätzen. Diese lebendige Frische hat etwas zutiefst Religiöses. Dennoch bin ich froh, dass ich nicht öfter im Freien an einer Wasserstelle voller Flusspferde kochen muss.

AUGENSCHMAUS UND GAUMENFREUDEN
Die Provinz KwaZulu-Natal ist Heimat großer Säugetiere wie Nashörner und Giraffen. Sie ist aber auch Heimat der größten indischstämmigen Bevölkerungsgruppe außerhalb Indiens. Die starke Bindung an die indische Heimat zeigt sich vor allem in der Küche, wo scharfe Gewürze und Chilis in keinem Gericht fehlen dürfen.

T-BONE-STEAKS VOM BRAAI

MIT PELEPELE-MARINADE

ZUTATEN FÜR 4 PERSONEN

4 T-Bone-Steaks (à 400 g)

BRAAI-GRILLGEWÜRZ

1 EL Knoblauchpulver

1 EL geräuchertes Paprikapulver

1 TL Cayennepfeffer

1 TL gemahlener Koriander

1 TL gemahlener Kreuzkümmel

1 TL frisch gemahlener schwarzer Pfeffer

1 TL Salz

PELEPELE-MARINADE

2 große rote Zwiebeln, abgezogen und halbiert

4 Tomaten, halbiert

1 Stück Ingwer (à 5 cm), geschält

1 Knoblauchknolle, abgezogen

6 rote Chilis

2 EL Olivenöl

8 Curryblätter

Meersalzflocken

ZUBEREITUNG

1. Für das **Braai-Grillgewürz** in einer mittelgroßen Rührschüssel alle Zutaten vermengen.

2. Die Steaks mit der Hälfte des Grillgewürzes einreiben und im Kühlschrank 1 bis 2 Stunden marinieren. Den Rest der Gewürzmischung aufbewahren.

3. Einen Grill auf 200 °C vorheizen.

4. Für die ***pelepele*-Marinade** die Zwiebeln und die Tomaten im restlichen Braai-Grillgewürz wenden.

5. Zwiebeln, Tomaten und Ingwer auf den Grill legen und 3 Minuten schwarzbraun rösten.

6. Das gegrillte Gemüse, den Knoblauch und die Chilischoten fein würfeln.

7. In einem mittelgroßen Stieltopf das Öl bei mittlerer Temperatur erhitzen, die Curryblätter hinzufügen und 3 Sekunden rösten. Das gewürfelte Gemüse zugeben und 10–12 Minuten köcheln, bis es aromatisch duftet. Die Hälfte der Marinade beiseitestellen, die andere Hälfte später zu den Steaks servieren.

8. Die **Steaks** auf dem Grill von beiden Seiten 3 Minuten pro Seite scharf anbraten.

9. Die eine Hälfte der *pelepele*-Marinade über die Steaks löffeln, bis sie eine Kerntemperatur von 55 bis 62 °C haben. Noch weitere 5 Minuten grillen, bis die Marinade karamellisiert.

10. Die Steaks 5 Minuten ruhen lassen, um zu verhindern, dass sie ausbluten und trocken werden.

11. Die Steaks in Scheiben schneiden, mit Meersalzflocken bestreuen und mit der restlichen *pelepele*-Marinade servieren.

CHAKALAKA

Rezept von Zola Nene

ZUTATEN FÜR 4 PERSONEN

3 EL Olivenöl

3 Zwiebeln, abgezogen und gewürfelt

3 grüne Gemüsepaprika, gewürfelt

2 Knoblauchzehen, abgezogen und gehackt

1 TL Salz

4 Tomaten, gewürfelt

3 Karotten, geschält und geraspelt

90 g brauner Zucker

120 ml Apfelessig

2 EL Currypulver

4 Curryblätter

500 ml Tomatensauce

1 Dose Gebackene Bohnen (Baked Beans, 400 g)

ZUBEREITUNG

1. In einem mittelgroßen Stieltopf bei mittlerer Temperatur das Öl erhitzen, die Zwiebeln hinzugeben und 3 Minuten glasig dünsten.

2. Die Gemüsepaprika und den Knoblauch hinzugeben und 2 Minuten weich dünsten. Salzen.

3. Tomaten, Karotten, braunen Zucker, Apfelessig, Currypulver und Curryblätter hinzugeben. Die Temperatur reduzieren und das Gemüse 10 Minuten weiter köcheln, bis es weich und karamellisiert ist.

4. Die Tomatensauce hinzufügen und weitere 5 Minuten köcheln, bis die Masse eindickt.

5. Die Baked Beans hinzugeben. Abschmecken und bei Bedarf nachwürzen.

RED SNAPPER VOM BRAAI

MIT AFFENORANGEN-CHUTNEY

ZUTATEN FÜR 6 PERSONEN

BRAAI-GRILLGEWÜRZ

1 EL Knoblauchpulver

1 EL geräuchertes Paprikapulver

1 TL Cayennepfeffer

1 TL gemahlener Koriander

1 TL gemahlener Kreuzkümmel

1 TL frisch gemahlener schwarzer Pfeffer

1 TL Salz

USHATINI-SALSA

2 Serrano-Chilis, fein gewürfelt

2 Tomaten, fein gewürfelt

1 rote Zwiebel, abgezogen und fein gewürfelt

1 Bund Koriander, gehackt

Abrieb und Saft von 1 unbehandelten Limette

1 TL Salz

CHUTNEY

2 EL Olivenöl

1 Zwiebel, abgezogen und fein gewürfelt

1 TL Salz

1 Stück Ingwer (à 5 cm), geschält

1 EL brauner Zucker

1 EL Honig

60 ml Rotweinessig

6 Grüne Affenorangen, entkernt

RED SNAPPER

3 ganze Red Snapper, ausgenommen, entschuppt und entkiemt

2 EL Traubenkernöl

2 Limetten, halbiert

ZUBEREITUNG

1. Für das **Braai-Grillgewürz** in einer mittelgroßen Rührschüssel alle Gewürzzutaten vermengen.

2. Für die ***ushatini*-Salsa** in einer kleinen Rührschüssel alle Salsa-Zutaten für vermengen.

3. Für das **Chutney** in einer großen Bratpfanne das Öl bei mittlerer Temperatur erhitzen und die Zwiebel glasig anschwitzen. Salzen.

4. Den Ingwer in die Pfanne raspeln und 2 Minuten köcheln, bis er seinen Duft entfaltet.

5. Den braunen Zucker und den Honig hinzufügen und umrühren.

6. Den Rotweinessig hinzugeben, um eventuell anhaftenden Bratensatz vom Pfannenboden zu lösen.

7. Die Temperatur reduzieren, die Grünen Affenorangen hinzufügen und weitere 5 Minuten köcheln, bis die Masse eindickt. Nur das Fruchtfleisch verwenden, die Samen sind giftig!

8. Einen Grill auf 200 °C vorheizen.

9. Die **Red Snapper** mit dem Öl einpinseln, in die Schüssel mit dem Braai-Grillgewürz legen und großzügig darin wenden, sodass auch das Innere gut gewürzt ist.

10. Die Fische auf den heißen Grill legen und 4–5 Minuten nicht mehr bewegen, bis die Haut knusprig ist oder sich leicht vom Grillrost ablösen lässt.

11. Den Fisch vorsichtig umdrehen und weitere 5 Minuten grillen, bis das Fleisch nicht mehr glasig ist.

12. Die Limetten auf den Grill legen und 1 Minute schwarzbraun anrösten. Herunternehmen und beiseitestellen.

13. Sobald die Fische goldbraun gegrillt und gut durchgegart sind, auf ein großes Holzbrett legen.

14. Die Salsa über die Fische löffeln. Mit dem Affenorangen-Chutney und den gegrillten Limettenhälften servieren.

Sanfte Wasser und schroffe Klippen heißen die Besucher an diesem beschaulichen Ort an der norwegischen Küste willkommen.

KAPITEL 7

NORWEGENS WIKINGERLAND

Vom Rentierhüten bis zum Tauchen in eisigen Gewässern – eine spannende Reise zur norwegischen Küche und Kultur.

Die Bergwelt von Voss, Norwegen.

DIE TIEF ZERFURCHTE KÜSTENLINIE, die langen Winter und kurzen Sommer, die Wälder, die ein Drittel seiner Fläche bedecken, sowie die Bergwelt, die Osten und Westen trennt, prägen Norwegens Küche. Die spektakulären Landschaften zwischen den Fjorden und Bergen Südnorwegens zieren Titelseiten von Zeitschriften und Instagram-Posts, und das aus gutem Grund. Im Winter ist die Kulisse besonders spektakulär: In Nebel gehüllte Fjorde mit kristallklarem Wasser; schneebedeckte Gipfel, lange dunkle Nächte, eisige Temperaturen. Um die extremen Bedingungen der bitterkalten Wintermonate, der »Wikingerzeit«, zu überstehen, bauen die Norweger auf ihre kreativen Methoden der Konservierung und Fermentierung. Trotz Kälte und Dunkelheit gibt es auch im Winter kulinarische Genüsse im Überfluss. Die Meeresfrüchte sind am schmackhaftesten, die Rentierzucht ist in vollem Gange, und der monatelang fermentierte *rakfisk* (gepökelte, in Holzfässern eingelagerte Forellenfilets) ist endlich verzehrfertig.

Rund um Bergen, die zweitgrößte Stadt Norwegens, gibt es zahlreiche Fjorde.

KURZ-INFO

ORT

In Westnorwegen suche ich nach Lebensmitteln und traditionellen Methoden, mit denen Einheimische die harten Winter kulinarisch überstehen.

GEOGRAFIE

Die norwegische Küche ist geprägt von einer 101 000 km langen Küstenlinie, von Bergen und Fjorden, die gigantische Gletscher vor Tausenden von Jahren geformt haben.

FOOD FACT

Das Fermentieren ist eine der wichtigsten Methoden, um die intensiven Aromen aus wärmeren Jahreszeiten zu erhalten.

»Wer das Essen meiner Region entdecken will, muss sich damit beschäftigen, wie die Menschen vor Hunderten von Jahren an den Fjorden und in den Bergen lebten, wie sie gejagt und gefischt haben, um im Winter nicht zu verhungern«, sagt Chefkoch Christopher Haatuft, als ich ihn auf einer kleinen Insel vor Bergen an der Südwestküste Norwegens treffe, dort, wo er am liebsten seine Zutaten sammelt. Er spielt in der norwegischen Kochszene ganz weit oben mit, konzentriert sich auf lokale Meeresfrüchte und gibt der traditionellen Küche eine moderne Note. »Bei uns gibt es hauptsächlich Gepökeltes, Geräuchertes, Getrocknetes, Fermentiertes. Überlebensnahrung bitterarmer Bauern«, sagt er. Doch das Konservieren sicherte nicht nur das Überleben, sondern fing auch den sonnengereiften Geschmack des Sommers ein.

Klassisches Wikinger-Essen kommt heute kaum mehr auf den Tisch, doch traditionelle norwegische Gerichte wie *rakfisk* (Rakfisch), *smalahove* (gepökelter, geräucherter Schafskopf) oder *pinnekjøtt* (gepökelte, luftgetrocknete Lammrippen) sind fester Teil der Kultur und noch heute ein Festtagsessen. Aus Saibling oder Forelle, eingelegt in Salz und Zucker, kühl unter Druck gelagert und mindestens drei Monate lang fermentiert, wird der aromareiche *rakfisk*, der traditionell zu Weihnachten roh verzehrt wird. Ich probiere von der »nicht sehr strengen«, drei Monate gereiften Charge. Es schmeckt wie ein Mix aus geräuchertem Lachs und kräftigem Vacherin-Käse. Als ich vom einjährig fermentierten *rakfisk* der speziellen Weihnachtscharge probiere, rät man mir, den Geruch (Gestank!) auszublenden und nur an den Geschmack zu denken. Leichter gesagt als getan!

Eine weitere Weihnachtsspezialität, die aus dem nachhaltigen Bestreben entstanden ist, das ganze Tier zu verwerten, ist *smalahove*: Schafskopf, gepökelt, geräuchert und gedämpft. Schon etwas befremdlich, wenn dich ein ganzer Kopf anstarrt, aber es schmeckt wirklich köstlich. *Smalahove* wird mit Kartoffeln und Rüben serviert, und die fettreichsten Teile werden zuerst gegessen (Kiefer, Ohr, Auge, Zunge), denn heiß schmecken sie am allerbesten. *Pinnekjøtt* ist ein Gericht aus gesalzenen, getrockneten, teils auch geräucherten Lammrippen. Bevor das Fleisch geräuchert wird, muss es in Wasser einweichen, oft länger als 24 Stunden, um das Salz weitestgehend zu entfernen. Ein unglaublich schmackhaftes Stück Lamm!

SCHLITTENHUNDE VORAUS!
Schlittenhunde führen Gordon sicher durch die verschneite Wildnis.

Weiter nördlich lebt das indigene Volk der Samen, die älteste Volkskultur Europas. *Sapmi* ist der samische Name für ihre angestammten Siedlungsgebiete, die sich über Norwegen, Schweden, Finnland und einen kleinen Zipfel Russland erstrecken. Insgesamt sind dort rund 75 000 Samen verschiedener Volks-

REISE-EINMALEINS

AUF ZUM MARKT!

Hoch im Norden sind die Nächte extrem lang, dunkel und kalt. Doch um die Winterferien herum erstrahlt helles Licht, wenn in den Großstädten plötzlich kleine Märkte aus dem Boden schießen, die traditionelles Essen und weihnachtlichen Tand verkaufen. Bergen, an der norwegischen Südwestküste, ist bekannt als Hauptstadt der Fjorde und weltoffene Stadt mit kleinstädtischem Charme. Meeresfrüchte nehmen in der Gastronomie einen ganz besonderen Platz ein. Auf dem Bergener Fischmarkt, der seit 1276 besteht, gibt es die frischesten, vor Ort gefangenen Meerestiere in ganz Skandinavien.

gruppen beheimatet, die vom Fischfang, Sammeln, der Jagd oder vom Kunsthandwerk leben, vor allem aber von der Rentierzucht. Samische Familien hüten die Rentiere als Gemeinschaft, aber jedes Tier hat einen Besitzer. Die Beziehung zwischen Hüter und Rentier ist symbiotisch. Fast alle Teile vom Rentier werden verwertet – Haut und Fell für Kleidung, das Blut für Würste oder »Blut-Pfannkuchen«, das Fleisch für herzhafte Eintöpfe wie *bidos* mit Möhren und Kartoffeln.

Norwegens lange Tradition des Fischfangs bereichert die Nahrungsfülle um jede Menge frische Meeresfrüchte. In den klaren und eiskalten Wassern wachsen Fische und Schalentiere viel langsamer, und die kalten Winter erhalten die besondere Frische des Fangs. Viele der Muscheln werden von Hand geerntet, eine schonende Umgangsweise mit dem Meer und seinen Gaben. Austern, Kaisergranat, Krabben, Seeigel und sogar Mahagoni-Muscheln (die bis zu 500 Jahre alt werden können) sind Teil der norwegischen Küche. Und auch Zutaten, die früher nicht auf dem täglichen Speiseplan der Norweger standen, kamen dank technischer Fortschritte hinzu – Jakobsmuscheln etwa, deren Ernte erst durch moderne Tauchgeräte möglich wurde. Für eine gute Ernte habe ich mich in größere Tiefen vorgewagt. Obwohl ich einen Trockenanzug

> Um die »Wikingerzeit« zu überstehen, bauen die Norweger auf ihre kreativen Methoden der Konservierung und Fermentierung.

SCHLAGLICHT

CHRISTOPHER HAATUFT: NUR LOKALES IST WAHRES

Christopher Haatuft, der Punkmusik hörende Koch, stammt aus Bergen und schrieb schon über Essen, ehe er eine Kochlehre machte. Danach arbeitete er in den Küchen amerikanischer Spitzenrestaurants, im Alinea, Per Se oder Blue Hill. »Als ich hier mit dem Kochen anfing, gab es kaum gute Beispiele, anhand derer ich lernen konnte, wie man ein Restaurant führt«, erzählt er mir. »Ich habe mir ein paar Folgen deiner Sendungen heruntergeladen, *Boiling Point* oder *Ramsay's Kitchen Nightmares*, um mir Ratschläge zu holen, die ich bis heute befolge. Es war ein Crashkurs für Anfänger.«

Zurück in Bergen prägte er eigentlich spaßeshalber den Begriff »neo-fjordisch«, um Lebens-

mittel zu beschreiben, die er vor Ort aus den nahen Fjorden bezieht. Westnorwegen ist für ihn eine einzigartige kulinarische Region. In seinem Restaurant Lysverket in Bergen geht es ihm um Identität, um natürliche Bio-Küche. »Mein Ziel ist es, ein Restaurant zu führen, das die Menschen von Bergen mit Stolz erfüllt«, sagt er. Ich denke, das hat er geschafft!

Unter freiem Himmel kochen Gordon und Chefkoch Christopher Haatuft (rechts) ein Weihnachtsessen für ihre Gäste.

REISEWEGE
Gordons Reise nach Norwegen führte ihn zu einem *rakfisk*-Meister, in eiskalte Küstengewässer und an eine festliche Weihnachtstafel – für Norweger das wichtigste Essen des Jahres.

trug, spürte ich die Eiseskälte des Wassers. Doch nachdem ich die frischen Jakobsmuscheln probiert hatte, wäre ich am liebsten noch einmal abgetaucht!

Auch die Getränke haben eine Geschichte. Akevitt, der norwegische Aquavit, ein Branntwein aus fermentierter Kartoffel- oder Getreidemaische, ist seit dem 15. Jahrhundert belegt. Sein ausgeprägter Geschmack basiert auf Gewürzen und Kräutern wie Kümmel oder Dill, kann aber auch blumige Noten wie Zitrusfrüchte oder Sommerbeeren enthalten. In Norwegen wird Aquavit aus Kartoffeln hergestellt, wovon 95 Prozent aus norwegischem Anbau sein müssen. Nach der Destillation reift der Aquavit mindestens sechs Monate in Eichenfässern und gibt ihm eine goldene Farbe. Früher wurde er eiskalt zu Weihnachten getrunken, heute zu so ziemlich jedem Anlass. In seiner Destillerie in Bergen hilft mir Stig Bareksten, meinen eigenen Aquavit zu kreieren – die abgefüllte Essenz der norwegischen Natur!

Es war inspirierend, authentische Koch- und Konservierungsmethoden der Wikingerzeit zu erleben und die kulinarischen Reichtümer Westnorwegens zu entdecken. Die einzigartigen Zutaten erwecken ein unglaublich starkes Bewusstsein für diese traumschöne Gegend.

Obwohl ich einen Trockenanzug trug, spürte ich die Eiseskälte des Wassers. Doch nachdem ich die frischen Jakobsmuscheln probiert hatte, wäre ich am liebsten noch einmal abgetaucht.

ADRENALINRAUSCH

TAUCHEN NACH JAKOBSMUSCHELN

Knut Magnus Persson und seine Schwester Mariann Persson stammen von Litlesotra, einer der Inseln im Inselmeer westlich von Bergen. Sie wuchsen auf in einer Familie, die sehr naturverbunden war, das Meer und das Abenteuer liebte. Knut Magnus taucht seit seinem 15. Lebensjahr. Sein Unternehmen Scalmarin ist spezialisiert auf die Schalentier-Ernte und beliefert die exklusivsten Restaurants Skandinaviens und Europas, darunter auch das Lysverket. Mariann ist Gründerin von Bergen Fjord Adventures, bietet unter anderem Erlebnisgastronomie in freier Natur, mit selbst geernteten und fangfrisch zubereiteten norwegischen Meeresfrüchten.

Knut Magnus Persson taucht bereits seit über 15 Jahren nach Schalentieren.

KAISERGRANAT VOM GRILL

MIT KIEFERNSPROSSEN-BUTTER UND KAVIAR

Rezept von
Christopher Haatuft

ZUTATEN FÜR 4 PERSONEN

GEBEIZTE KIEFERNSPROSSEN

4 EL junge Kiefernnadeln oder 2 bis 3 Zweige Rosmarin

4 EL Kiefernblüten oder 4 ZweigeThymian

4 EL Bärlauchsamen

120 ml Branntweinessig

150 g Zucker

KIEFERNSPROSSEN-BUTTER

125 ml Beizsud (der eingelegten Sprossen, s. oben)

240 g Butter, in kleine Würfel geschnitten, plus 2 EL mehr

frisch gepresster Zitronensaft

Salz

2 EL gebeizte Sprossen, gehackt (s. oben)

KAISERGRANAT VOM GRILL

1 kg Kaisergranat (etwa 10 Stück)

Salz

natives Olivenöl extra

Kaviar, zum Servieren (nach Belieben)

ZUBEREITUNG

1. Für die **gebeizten Kiefernsprossen** Kiefernnadeln, Kiefernblüten und Bärlauchsamen in ein großes Einmachglas geben. In einem mittelgroßen Stieltopf Essig, Zucker und 350 ml Wasser bei mittlerer Temperatur zum Kochen bringen. Den Beizsud über die Sprossen gießen, bis sie bedeckt sind, und 125 ml davon zurückbehalten. Vollständig abkühlen lassen.

2. Für die **Sprossen-Butter** in einer mittelgroßen Schwenkpfanne den restlichen Beizsud bei mittlerer Temperatur zum Kochen bringen, bis er auf die Hälfte reduziert ist. Die Temperatur herunterdrehen und die Butter einrühren, bis eine sämige Sauce entsteht. Mit einem Spritzer Zitronensaft und einer Prise Salz abschmecken. Zuletzt die gebeizten Sprossen unterrühren.

3. Einen Grill auf 200 °C vorheizen. Falls noch nicht gesäubert, Kaisergranat der Länge nach halbieren und den Darm herausziehen. Das Fleisch salzen, 10 Minuten ruhen lassen und mit dem Öl dünn bestreichen. Die Schalen trocken tupfen.

4. Kaisergranat vom Grill: Die Krustentiere mit der Schnittfläche nach unten auf den Grill legen, 1 Minute garen, dann wenden.
1 weitere Minute grillen – bis die letzte noch einmal gewendet ist, ist die erste fertig!

5. Die Sprossen und Kaisergranat auf einer Servierplatte anrichten und mit der Sprossen-Butter beträufeln. Nach Belieben mit Kaviar garnieren.

FISCHSUPPE MIT MUSCHELN (CHOWDER)

MIT KABELJAU, MIESMUSCHELN UND JAKOBSMUSCHELN

ZUTATEN FÜR 4 PERSONEN

450 g Speck, gewürfelt

4 Schalotten, fein gehackt

3 Stangen Sellerie, fein gewürfelt

2 Stangen Lauch, in 1 cm breite Stücke geschnitten

2 EL Weizenmehl Type 405

3 l Fischfond

1 l Clam Juice (Muschelsaft, ersatzweise Krustentierfond)

1 Kartoffel, geschält und fein gewürfelt

1 TL Salz, plus mehr nach Bedarf

200 g süße Sahne

18 Miesmuscheln, gesäubert und geschrubbt

1 Kabeljaufilet (à 250 g), in Stücke geschnitten

1 geräuchertes Kabeljaufilet (à 250 g), in Stücke geschnitten

6 Jakobsmuscheln, in 1 cm große Stücke gewürfelt

Abrieb und Saft von 1 unbehandelten Zitrone

1 EL gehackter frischer Dill

1 EL gehackte Sellerieblätter

1 EL gehackte frische Petersilie

ZUBEREITUNG

1. In einem großen Topf die Speckwürfel bei mittlerer Temperatur 5 Minuten braten, bis das Fett ausgetreten und der Speck knusprig ist.

2. Die Speckwürfel mit einem Sieblöffel auf einen mit Küchenpapier ausgelegten Teller geben, das Bratfett im Topf belassen.

3. Die Schalotten, den Sellerie und den Lauch in das ausgelassene Fett geben und 5–7 Minuten anschwitzen.

4. Das Mehl unterrühren, etwa 2 Minuten, bis eine sämige, goldbraune Einbrenne entsteht.

5. Den Fischfond und den Muschelsaft hinzugeben und zum Köcheln bringen.

6. Die Kartoffel und das Salz hinzufügen und 10 Minuten köcheln.

7. Die Sahne und die Speckwürfel hinzugeben und weiter köcheln.

8. Die Miesmuscheln in den Topf geben und den Deckel auflegen. Weitere 3 Minuten köcheln, bis sich die Muscheln zu öffnen beginnen.

9. Den Kabeljau, den geräucherten Kabeljau und die Jakobsmuscheln hinzufügen und zum Durchziehen 3–4 Minuten nur leicht simmern lassen. Achtung: Die Meeresfrüchte dürfen nicht verkochen.

10. Den Zitronenabrieb und -saft hinzufügen. Nach Bedarf abschmecken.

11. In einer kleinen Schüssel Dill, Sellerie- und Petersilienblätter und etwas Salz vermengen.

12. Die Suppe in Schüsseln geben und mit der frischen Kräutermischung garnieren.

HANDGETAUCHTE JAKOBSMUSCHELN

MIT AQUAVIT-ALGEN-BUTTERSAUCE UND SCHALOTTEN-VINAIGRETTE

ZUTATEN FÜR 4 PERSONEN

ALGEN-BUTTER

1 Stück Kombu-Alge (Kelp)

240 g Butter, weich

½ TL Salz

SCHALOTTEN-VINAIGRETTE

4 Schalotten, abgezogen und fein gehackt

250 ml Champagner-Essig

100 g Zucker

1 EL Salz

4 Wacholderbeeren, geröstet

1 TL gelbe Senfkörner

BUTTERSAUCE

1 TL Traubenkernöl

2 Schalotten, abgezogen und fein gehackt

¼ TL Salz

125 ml Aquavit (alternativ Weißwein)

120 g Algen-Butter (s. links), gewürfelt und gekühlt

Abrieb und Saft von 1 unbehandelten Zitrone

JAKOBSMUSCHELN

12 handgetauchte Jakobsmuscheln (Schalen gesäubert, zum späteren Anrichten)

1 TL Salz

1 EL Traubenkernöl

rosa Pfefferbeeren, gemahlen

frischer Dill, grob gehackt

ZUBEREITUNG

1. Für die **Algen-Butter** die Kombu-Alge in eine Schüssel geben, mit heißem Wasser bedecken und 10–15 Minuten ruhen lassen.

2. Die Alge fein hacken und in einer Schüssel mit der weichen Butter und dem Salz gründlich vermengen.

3. Die Butter in Frischhaltefolie zu einer Rolle formen. Die Butterrolle 30 Minuten in den Kühlschrank legen, bis sie fest ist.

4. Für die **Vinaigrette** die Schalottenwürfel in ein hitzebeständiges Gefäß geben.

5. In einem kleinen Stieltopf 250 ml Wasser, Essig, Zucker, Salz, Wacholderbeeren und Senfkörner bei mittlerer Temperatur zum Kochen bringen, bis sich der Zucker aufgelöst hat. Die Mischung über die Schalotten gießen, bis sie vollständig bedeckt sind.

6. Das Gefäß mit Frischhaltefolie abdecken und die Schalotten 20 Minuten ziehen lassen.

7. Die Frischhaltefolie entfernen und die Vinaigrette im Kühlschrank auskühlen lassen.

8. Für die **Algen-Buttersauce** in einem Topf bei mittlerer Temperatur das Öl erhitzen und die fein gewürfelten Schalotten darin 2 Minuten glasig anschwitzen. Salzen.

9. Den Aquavit hinzufügen und weitere 3 Minuten köcheln, bis er auf die Hälfte reduziert ist.

10. Die Temperatur reduzieren und die gewürfelte Algenbutter vorsichtig stückchenweise hinzugeben. Den Topf dabei immer wieder schwenken, damit die Sauce nicht zu heiß wird und ausflockt.

11. Sobald die Butter komplett beigemengt ist, den Topf vom Herd nehmen und den Zitronenabrieb und einen Spritzer Zitronensaft zugeben. Bis zum Servieren warm stellen.

12. Die **Jakobsmuscheln** trocken tupfen und salzen. In einer großen Pfanne das Öl erhitzen. Die Jakobsmuscheln vorsichtig in die Pfanne geben, portionsweise, falls erforderlich, und 30 Sekunden braten, bis sie zu bräunen beginnen. Alle Muscheln wenden und weitere 30–60 Sekunden braten, dann aus der Pfanne nehmen.

13. Zum Servieren die gebratenen Jakobsmuscheln in ihre Schalen zurücklegen und mit der Algen-Buttersauce beträufeln. Mit gemahlenem rosa Pfefferbeeren, etwas Dill und der Schalotten-Vinaigrette garnieren.

KAPITEL 8

DIE GEWÜRZMÄRKTE INDIENS

Eine vielfältige kulinarische Entdeckungsreise im Südwesten Indiens

»Hier wachsen so viele Gewürze aufgrund des guten Klimas. Du bist hier in der Gewürz-Hauptstadt«, sagt Chefköchin Shri Bala.

Gordon geht Fancy bei der Herstellung von Kaffeelikör zur Hand.

DER SÜDWESTEN INDIENS, von den tropischen Stränden und Hafenstädten der Bundesstaaten in Kerala und Karnataka, die Küste des Arabischen Meeres hinauf, bis zu den Bergen im Distrikt Kodagu, ist ein weltweiter Exportführer für Gewürze wie Pfeffer, Chili und Kardamom, und das seit über fünf Jahrtausenden. Gewürzhändler haben der Region den Namen Malabar-Küste gegeben, »Pfefferküste«. Schon in Vorzeiten erlebte der Südwesten Indiens eine Art Globalisierung, als Waren von hier aus auf die Reise nach Ägypten und Babylonien gingen, später auch in den Vorderen Orient, nach Fernost und Europa. Der Besitz von Gewürzen stand für Reichtum und Macht. Bis heute gilt der Südwesten Indiens weltweit als Land der Gewürze, doch die Küche hier ist nicht einfach nur »scharf«. Tatsächlich hat sie feine Nuancen und ist voller komplexer, ausgewogener Aromen. Das tropisch feucht-heiße Klima von Kerala und Karnataka sowie die lehmigen, wasserdurchtränkten Böden lassen Gewürze

Die wunderschöne Küste von Kerala ist seit Jahrtausenden eines der wichtigsten Zentren des indischen Gewürzhandels.

KURZ-INFO

ORT

Im Südwesten Indiens entdecke ich eine Gewürzwelt mit intensiven Aromen und feuriger Schärfe.

GEOGRAFIE

Die Westghats sind ein Gebirgszug im südwestlichen Indien, mit einzigartigen Sky Islands, »Himmelsinseln« – hohe Gipfel, nahe beisammen, aber ökologisch isoliert voneinander.

FOOD FACT

Schweinefleisch wird in Indien kaum gegessen, in Kodagu aber ist Pandi-Curry (Schweinefleisch-Curry), das auf die Ureinwohner dieser Region zurückgeht, sehr beliebt.

und andere Kochzutaten prächtig gedeihen – ideale Wachstumsbedingungen für Kardamom, schwarzen Pfeffer, Nelken, Zimt, Ingwer, Kurkuma, Muskatnuss und Sternanis, was der Region einen spektakulären Ruf als kulinarische Hochburg einbrachte.

»Hier wachsen so viele Gewürze aufgrund des guten Klimas«, erzählt mir Chefköchin Shri Bala, während sie mir ein mysteriöses Begrüßungsgetränk reicht, aromatisiert mit einer höllisch scharfen Chili-Sorte namens *kanthari*. Shri Bala entstammt einer indischen Kochdynastie. Ihre Großtante schrieb ein erfolgreiches indisches Kochbuch (*Samaithu Paar*), aus dem auch Shri in jungen Jahren ihre Rezepte lernte – der Beginn ihrer späteren Karriere als Fernsehmoderatorin und Nahrungsforscherin. Nach dem Begrüßungstrank brennt mein Mund wie Feuer, und Shri hat zum Glück frisches Kokoswasser parat, um das »Feuer« zu löschen. Meine erste Lektion über Süd-indien: Man mischt Gewürze mit anderen Zutaten, um das Aroma zu variieren. Oder ... um Großfeueralarm in meinem Mund auszulösen!

Würzige Currys mit *kanthari*-Chilischoten (auch Vogelaugen-Chili) führen zu kurzfristig stärkerem Schwitzen, kühlen den Körper aber auch schneller ab. Das ist in heißen Klimaregionen sehr hilfreich, kann aber auch eine echte Herausforderung sein für alle, die scharfes Essen nicht mögen. Kokoswasser ist ideal, um die feurige Schärfe eines Gerichts zu neutralisieren, ohne den Geschmack zu beeinträchtigen. Es wird auch verwendet, um scharfen Currygerichten eine mildere, süßliche Note zu verleihen. Der Name Kerala kommt aus dem Malayalam und bedeutet wörtlich »Land der Kokospalmen«. Der Bundesstaat ist weltgrößter Produzent von Kokosnüssen und deren Produkten. Die Fette der Kokosnuss gelten als gesund, und ihr Fruchtfleisch enthält viel Eiweiß, Ballaststoffe, Kupfer, Eisen, Magnesium und Mangan.

Auch Meeresfrüchte sind fester Bestandteil der Küche von Kerala, das eine 580 km lange Küste und zahllose Binnenwasserstraßen hat. Frische Meeresfrüchte, insbesondere Makrelen, Garnelen, Krabben,

GRÜNE HÜGEL Teeplantagen inmitten des paradiesischen Westghats-Gebirges.

REISE-EINMALEINS

VORSICHT AFFEN!

Das tropische Klima von Kerala und Karnataka mit idealen Wachstumsbedingungen für unglaubliche Zutaten hat diese Region zu einem der weltweit führenden Gewürze-Exporteure gemacht. Mit der Hitze und der hohen Luftfeuchtigkeit aber ist nicht zu spaßen. Für Erkundungstouren eignen sich am besten die frühen Morgen- oder späten Abendstunden. Achtung: Wer auf dem Weg in die Berge Halt macht und aus dem Auto steigt, muss damit rechnen, von neugierigen Affen behelligt zu werden. Direkter Augenkontakt mit den Tieren ist tunlichst zu vermeiden – er gilt als Zeichen von Aggression!

Der Name Kerala kommt aus dem Malayalam und bedeutet wörtlich »Land der Kokospalmen«. Der Bundesstaat ist weltgrößter Produzent von Kokosnüssen und deren Produkten.

SCHLAGLICHT

EXTREM HEISS, EXTREM SCHARF

Uppilittathu ist in Kerala eine beliebte Konservierungsmethode, bei der Obst und Gemüse in einer Salzlake eingelegt werden. Ob Guave, Mango, Ananas, Tamarinde, Gurke oder Stachelbeere, alles kann konserviert werden. Gewürze und Aromastoffe wie Chilischoten, Pfeffer, Knoblauch und Ingwer geben dabei ihr spezielles Aroma hinzu. Harish, mein Reisebegleiter, nimmt mich mit zu seinem Lieblingsstand und reicht mir zum Probieren eine in Chiliwasser eingelegte Ananasscheibe. Der Verkäufer mit knallorangem Bart erklärt mir, dass die Ananas nur 15 Minuten in Chiliwasser gezogen habe, aber sofort sind meine Lippen taub und meine Kehle brennt.

Wenn man bei heißem Wetter etwas Scharfes isst, öffnet das die Poren und regt den Körper zum Schwitzen an. Er leitet überschüssige Wärme ab und wird von innen heraus gekühlt. Unter diesem Aspekt dienen die Gewürze also einem höheren Zweck als nur der Aromatisierung. Zugegeben, auf diese Lektion hätte ich verzichten können, der kalte Wassermelonensaft ohne Chili-Zusatz hätte mir genügt – aber ich habe definitiv etwas dazugelernt.

Am Stand eines örtlichen Verkäufers: Harish (rechts) und Gordon probieren sich durch das Sortiment von scharf eingelegtem Obst und Gemüse.

ഓർഡറുകൾ മുൻകൂട്ടി സ്വീകരിക്കുന്നു

Es ist ein bisschen wie Roulette – welche von all diesen eingelegten Obst- und Gemüsesorten brennt wohl am meisten in meinem Mund?

Tintenfisch und Thunfisch, werden an Imbissbuden entlang der Küste serviert. Shakeela, die Frau meines einheimischen Reiseführers Moidu, hat mich zu einem ganz besonderen Gericht für das große Kochduell inspiriert. Der strengen »Damenrunde« jedenfalls, »echte Spice Girls«, die ich im großen Kochduell bekoche, scheint er gemundet zu haben, mein gegrillter Fisch, mariniert in Chilipulver, Koriander, Salz und Kurkuma, serviert mit einer Currysauce aus Currypulver, Bockshornkleeblättern, Fischsauce, Knoblauch, Ingwer, grünem Chili, Senfsaat, Zwiebeln und Salz.

An den Imbissbuden von Kerala gibt es alles, von Grundzutaten bis zu Fertiggerichten. An einem heißen Tag sorgen beliebte Snacks wie Ananasscheiben, eingelegt in einer brennend scharfen Chilimarinade, für eine würzig-süße Erfrischung. Es ist ein bisschen wie Roulette – welche von all diesen eingelegten Obst- und Gemüsesorten brennt wohl am meisten in meinem Mund? Zum Löschen jedenfalls nehme ich gern ein simples Glas Wassermelonensaft.

Im Landesinneren, in den nebelverhangenen Bergen der Westghats, liegen inmitten der waldigen Hügel von Kodagu (früher Coorg) im Bundesstaat Karnataka große Anbauflächen für Kaffee, Tee und Gewürze. Der Verzehr von Schweinefleisch ist in Indien aus religiösen Gründen weitgehend tabu, doch hier in Kodagu gibt es das legendäre Pandi-Curry (Schweinefleisch-Curry). Es geht zurück auf das Volk der Kodava, die Ureinwohner der Region, die Wildschweine jagten. Seine satte, dunkle Farbe erhält das Curry durch Kachampuli-Essig, aus dem säuerlich-bitteren Saft der *Garcinia gummi-gutta*, einer Bitter-

FRISCHER GEHT'S NICHT
Links: Gordon und eine Begleiterin versuchen, ein Weberameisennest vom Baum zu holen und aufzufangen. Rechts: lebhaftes Markttreiben.

limette. Das Kombinieren von bitteren und scharfen Noten ist fast so, als würde man Musik komponieren!

Der Legende nach kam der erste Kaffee mit einem muslimischen Pilger ins Land. Er schmuggelte ein paar Kaffeebohnen an Bord eines Schiffes, die er in den Hügeln von Karnataka anpflanzte. Der Bundesstaat ist heute der größte Produzent von Arabica- und Robusta-Sorten in ganz Indien. Kaffee ist aber nicht nur der traditionelle Muntermacher am Morgen, sondern wird auf vielfältige Weise genutzt. Der Kaffeelikör, den meine Gastgeberin Fancy auf ihrer Plantage herstellt, ist göttlich, und bei 40 Prozent Alkohol spüre ich die Wirkung schon nach kurzem Nippen. Im großen Kochduell sorgt er für den besonderen Kick in meinem Milchreis!

Eine weitere Delikatesse ist Chigli, ein Chutney aus Weberameisen und ihren Larven. Es ist scharf, salzig und sauer. Die Mischung aus Chilipulver, Kokosnuss, Koriandersamen, Knoblauch und Salz, vermahlen mit den Ameisen und etwas Wasser, ergibt ein frisches, kräftiges Chutney mit einer leicht herben Note. Aber ein Weberameisennest aus dem Baum zu holen, ohne gebissen zu werden, schaffen die wenigsten. Ich schon gar nicht. Aber für dieses einzigartige Geschmackserlebnis hat sich die Mühe gelohnt!

Faszinierend, was Mutter Natur hier im Südwesten Indiens gegen die Hitze bietet – Gewürze, die dem Körper Kühlung verschaffen, und andere Zutaten, die Schärfe magisch ausbalancieren. Ich weiß nun sehr viel mehr über die herrlichen Zutaten dieser Region, mit denen sich einige der köstlichsten Gerichte zaubern lassen, die ich je probiert habe.

INSIDERWISSEN

ANGELN AUF INDISCHE ART

Ich habe schon auf viele Arten Fische gefangen, aber noch nie so wie Moidu. Er praktiziert das Schleppnetzfischen, eine traditionelle Fangmethode, bei der ein schweres Netz über den Meeresboden gezogen wird. Harte Arbeit - rausschwimmen, Netz auslegen und wieder einholen. Danach habe ich Hunger und bin gespannt auf die authentische Küche Keralas. Shakeela, Moidus Frau, macht ein unglaublich scharfes Fisch-Curry, für das sie Kokosfruchtfleisch auf traditionelle Weise raspelt - mit den Füßen. Damit rundet sie ihr Curry ab und fügt noch etwas Kokosmilch hinzu. So wird es milder und duftet himmlisch!

Shakeela ist gespannt, wie Gordon das frische Kokoswasser schmeckt.

PANDI-CURRY NACH COORG-ART

MIT IN BITTERLIMETTEN-MARINADE EINGELEGTEN ZWIEBELN

ZUTATEN FÜR 4 PERSONEN

SCHWEINEFLEISCH

2 EL gemahlene Kurkuma (Safranwurz)

2 EL Kaschmir-Chilipulver

3 TL Salz

900 g Schweinebauch, Schwarte entfernt, in 5 cm große Würfel geschnitten

750 ml Fleischbrühe (vom Schwein)

MASALA-PASTE (NASS-MASALA)

15 frische Curryblätter

12 Schalotten, abgezogen und fein gehackt

8 Knoblauchzehen, abgezogen

4 Serrano-Chilis, Samen entfernt, gehackt

2 EL Kreuzkümmelsamen, geröstet

1 Stück Ingwer (à 5 cm), geschält und grob gehackt

1 Bund Koriander, Blätter und Stiele grob gehackt

MASALA-PULVER (TROCKEN-MASALA)

1 EL Koriandersamen

1 EL Kreuzkümmelsamen

1 EL schwarze Pfefferkörner

1 Zimtstange (à 2,5 cm)

2 Lorbeerblätter

6 Nelken

EINGELEGTE ROTE ZWIEBEL

1 große rote Zwiebel, abgezogen und in dünne Ringe geschnitten

Saft von 1 Bitterlimette

1 TL Salz

1 EL Vollrohrzucker (Jaggery)

1 EL Kachampuli-Essig (oder Essig nach Wahl)

2 EL gehackter Koriander

1 Bitterlimette, in Spalten geschnitten

ZUBEREITUNG

1. In einer großen Rührschüssel Kurkuma, Kaschmir-Chilipulver und Salz vermengen. Das **Schweinefleisch** in die Gewürzmischung geben und darin wälzen, bis es vollständig überzogen ist.

2. Das Fleisch in einen großen Topf geben und bei mittlerer Temperatur goldbraun anbraten, bis etwas Fett austritt und die Fleischwürfel eine leicht goldbraune Farbe annehmen.

3. Mit Fleischbrühe ablöschen und aufkochen lassen. Die Temperatur herunterdrehen und das Fleisch 40 Minuten köcheln, bis es schön zart ist.

4. Für die **Masala-Paste** alle Zutaten in einen großen Mörser geben. Mit dem Stößel ein grobes, feuchtes Masala herstellen. Alternativ: Alle Zutaten in einem Mixer oder einer Küchenmaschine pürieren.

5. Die Masala-Paste in den Topf mit dem Schweinefleisch geben und unter ständigem Rühren aufkochen, bis die Masse eindickt.

6. Für das **Masala-Pulver** in einer kleinen Pfanne jedes Gewürz einzeln bei mittlerer Temperatur rösten, aber nicht schwarz werden lassen. Alle Gewürze zusammen mit Mörser und Stößel fein zerstoßen. Alternativ: In einer Gewürzmühle fein vermahlen.

7. Für die **eingelegte rote Zwiebel** Zwiebelringe, Bitterlimetten-Saft, Salz und Rohrzucker in eine kleine Schüssel geben und durchschwenken. Beiseitestellen.

8. Das mittlerweile zart durchgegarte Fleisch in der eingedickten Sauce mit ein paar Löffeln Masala-Pulver abschmecken.

9. Weitere 20–25 Minuten köcheln, damit sich die Gewürze vollständig entfalten.

10. Vom Herd nehmen und mit dem Kachampuli-Essig vollenden.

11. Das Curry mit Koriander und eingelegter roter Zwiebel garnieren und mit den Bitterlimetten-Spalten servieren.

GEWÜRZ-REISPUDDING MIT KARDAMOM UND LORBEER

UND KAFFEELIKÖR [NACH FANCYS ART]

ZUTATEN FÜR 6 PERSONEN

200 g Basmatireis

2 EL Ghee (Butterfett)

6 grüne Kardamomkapseln, zerstoßen

2 Lorbeerblätter

Salz

4 EL Kaffeelikör

720 ml Milch

240 g süße Sahne

80 g Vollrohrzucker (Jaggery), plus mehr nach Bedarf

ZUBEREITUNG

1. Den Reis mehrmals gut waschen, dann mit kaltem Wasser bedecken und 20 Minuten einweichen. Abseihen und beiseitestellen.

2. In einem mittelgroßen Topf das Ghee erhitzen, dann Kardamomkapseln, Lorbeerblätter und eine Prise Salz zugeben und rösten.

3. Den eingeweichten Reis hinzufügen und 2 Minuten rösten, bis er duftet.

4. Mit der Hälfte des Kaffeelikörs ablöschen.

5. Die Milch und die Sahne zugeben und unter ständigem Rühren zum Kochen bringen.

6. Sobald der Reis kocht, die Temperatur herunterdrehen und den Rohrzucker (Jaggery) hinzugeben. Unter ständigem Rühren 30 Minuten köcheln, bis die Flüssigkeit eindickt.

7. Sobald der Reis weich ist, zum Abkühlen mindestens 30 Minuten in den Kühlschrank stellen.

8. Mit dem restlichen Kaffeelikör beträufeln.

Auf der Halbinsel Istrien bietet das Städtchen Rovinj spektakuläre Aussichten auf die Adriaküste.

KAPITEL 9

KÜSTEN-ABENTEUER IN KROATIEN

Die frischen Zutaten auf der Halbinsel Istrien sind Weltklasse und stehen denen des Nachbars Italien in nichts nach.

Das Städtchen Rovinj schmiegt sich an die felsige Küste der Halbinsel Istrien.

DIE HALBINSEL ISTRIEN gehört überwiegend zu Kroatien, ist umsäumt vom kristallklaren Wasser der nördlichen Adria und bietet ein waldreiches Hinterland. Ihre weit in der Vergangenheit beginnende Geschichte hat die Kultur und Küche des Landes stark beeinflusst. Kroatien war Teil Italiens, der Österreichisch-Ungarischen Monarchie und des ehemaligen Jugoslawiens. Im Vergleich zu Italien jedoch blieb die vielseitige Küche Istriens lange Zeit unter dem Radar, trotz ähnlicher Klimabedingungen und Böden, die vielerlei Zutaten von gleicher Qualität hervorbringen. Wichtigste Zutaten der istrischen Küche sind Meeresfrüchte, Olivenöl und Gewürze wie Knoblauch oder Rosmarin, die typisch sind für die mediterrane Küche. David Skoko, kroatischer Starkoch und Küchenchef im familieneigenen Restaurant Batelina, erzählt mir, dass die heimische Küche für ein so kleines Land wie Kroatien außerordentlich reich sei – dank der vielen Kulturen, die hier im Laufe der Geschichte ihre kulinarischen Spuren hinterließen.

Gordon und Chefkoch David Skoko (Mitte) beim Angeln nach Meeraal.

KURZ-INFO

ORT

Auf der Halbinsel Istrien in Kroatien finden sich kulinarische Traditionen, die Tausende von Jahre zurückreichen und von Land und Meer beeinflusst sind.

GEOGRAFIE

Die Halbinsel Istrien liegt am nördlichen Ende der Adria zwischen dem Golf von Triest und der Kvarner-Bucht. Das Binnenland besteht hauptsächlich aus Wald.

FOOD FACT

Hier richtet sich der Speiseplan nach der Natur. In der Küche wird genutzt, was im Fischernetz landet und in den Wäldern wächst.

FARBIGES KROATIEN
Die bunten Straßen von Rovinj sind einen Bummel wert!

Kroatien ist reich an Zutaten, die es auf die kulinarische Landkarte gebracht haben, aber es ist auch reich an Fantasie, die es braucht, um Rezepte für weniger bekannte lokale Zutaten zu entwickeln. »Es gibt hier viele wunderbare Zutaten, aber man muss ein wenig kreativ sein«, sagt David. »Die Grenzen unserer Küche existieren nur im Kopf.«

David Skoko ist in Kroatien ein Star, blieb tief im Herzen aber ein Fischer, in der vierten Generation. Zusammen mit seinem Vater Danilo nimmt er mich im Morgengrauen mit zum Angeln. Davids Vater hat in den frühen Morgenstunden eine Leine mit Köderhaken ausgebracht. Europäische Meeraale sind die größten Aale der Welt. Ausgewachsene Aale sind im Schnitt 1,5 m lang und können bis zu 73 kg wiegen. Manch ein Fischer will auch schon Aale von 2,7 m Länge gesehen haben. Hat ein Meeraal angebissen, ist der Widerstand an der Leine enorm. Es zieht gewaltig, und man spürt, wie der Aal sich wehrt. An unserer Leine hängen fast 100 Haken, jeweils mit 3 m Abstand. Ein falscher Griff, und schon endet man selbst als Fang des Tages.

David hat hausgemachte Meeraal-Pastete dabei. »Wir versuchen, alles zu nutzen, was die Natur hergibt, alles, was an Land wächst und was im Fischernetz landet«, sagt er. »Nicht unsere Ideen bestimmen, was wir kochen, sondern der Fang.« Für viele sind Meeraale nur »nutzloser Beifang«, aber man findet sie oft im traditionellen Fischeintopf (*brudet*) aus verschiedenen heimischen Fischarten.

INSIDERWISSEN

DER FANG DES FISCHERS

Dank erstklassiger Meeresfrüchte direkt vor der Tür verwandelte Chefkoch David Skoko das Batelina, die familieneigene *konoba* (Taverne), in eines der besten Restaurants Kroatiens. Als Fischer in vierter Generation feiert David das gastronomische Erbe seines Landes. »Ich genieße es, mich vom natürlichen Reichtum des Meeres inspirieren zu lassen und alles zu nutzen, was im Fischernetz landet, auch den Beifang«, sagt er. »Die Fischer verkaufen den kommerziellen Fang, und was übrig bleibt, ernährt ihre Familien. Um nachhaltig zu sein, mache ich es mir zur persönlichen Herausforderung, unsere reiche Natur optimal zu nutzen.«

David Skoko beim großen Kochduell.

»Die Grenzen unserer Küche existieren nur im Kopf.«

– Chefkoch David Skoko

Istriens Küche lebt von Meeresfrüchten. Das Fischen ist in der kroatischen Kultur fest verankert. Die Muscheln der Adria zählen zu den saubersten der Welt, darunter Schätze wie die Arche-Noah-Muschel (*kunjke*), die Raue Venusmuschel (auch als Meerestrüffel bekannt), Venus- und Miesmuscheln, Austern, Jakobsmuscheln, Scampi und Seespinnen. Einige können roh verzehrt werden, andere entfalten ihr volles Aroma erst auf dem Grill, nach *buzara*-Art (mit Semmelbröseln, Knoblauch, Petersilie und Wein), als Pastagericht oder im Risotto. Besonders beliebt ist der schwarze Risotto (*crni rižot*). Seine Farbe hat er von den Tintenfischen, den Stars des Gerichts, das in vielen Strandlokalen auf der Karte steht. Beim Essen also besser nicht lächeln – man könnte schwarze Zähne haben!

Kroatiens Küste bietet auch eine Vielfalt an aromatischen Wildkräutern wie etwa süß duftenden Meerfenchel, auch als Meerdistel oder Bazillenkraut bekannt, der auf Felsen und Dünen entlang der Küste wächst, umtost von salzigen Winden und Gischt. Seine Blätter werden oft eingelegt oder für Salate verwendet. Auch der Meeresrosmarin findet sich nahe am Wasser, wo er eine natürliche Salzigkeit entwickelt. Vermischt mit Meersalz, eignet er sich ideal, um Fisch vor dem Garen damit einzureiben.

Das fruchtbare Land und die reiche Vielfalt an Wildpflanzen tragen zum Charakter der verschiedenen Käsesorten bei, ob Schafs-, Ziegen- oder Kuhmilchkäse. Ein glänzendes Beispiel dafür ist der preisgekrönte handgemachte Ziegenkäse vom Bauernhof Stancija Kumparička, im Osten der Halbinsel. Dort grasen 250

SCHLAGLICHT

AUF TRÜFFELSUCHE MIT VIŠNJA PRODAN JEKIĆ

Die dichten Wälder im Norden Istriens beherbergen einen der wertvollsten Schätze der kulinarischen Welt: den göttlichen Trüffel. Der Pilz wächst an den Wurzeln bestimmter Baumarten wie Buche, Haselnuss und Eiche. In Buzet, der kroatischen »Trüffelstadt«, erntet und verkauft Višnja Prodan Jekić, Trüffeljägerin in dritter Generation, Trüffel und Trüffelprodukte im Familienbetrieb Prodan Tartufi. In der Trüffelsaison für weiße und schwarze Sorten liefern sie die frischen Pilze an Restaurants und Liebhaber im ganzen Land und weltweit.

Ausgebildete Trüffelspürhunde sind für die Trüffelsuche unverzichtbar. Als ich Višnjas Hunde, Brum und Steve, zum ersten Mal traf, war ich überrascht, wie klein sie waren – richtige Plüschzwerge. Aber mir war schnell klar, dass ihre Spürnasen Gold wert sind. Erfahrene Trüffelspürhunde sind in diesem Millionen-Business sehr begehrt, und Višnjas Familie hat sie über viele Generationen hinweg gezüchtet und ausgebildet. Jahrhundertelang wurden für die Trüffelsuche Schweine eingesetzt. Heutzutage bevorzugt man Hunde, da Schweine schwerer zu trainieren und transportieren sind und dazu neigen, die Trüffel zu fressen – eine kostspielige Angewohnheit.

Mitten im Wald: Gordon und Višnja inspizieren ihre erntefrischen Trüffel.

Istriens Olivenbäume, die dank der Nähe zum Meer seit Jahrtausenden in mineralreichen Böden gedeihen, liefern die besten Olivenöle der Welt.

Ziegen ganzjährig auf der Weide, laben sich am reichen Buffet der über 180 Kräuter und Pflanzen, was den Geschmack des Käses stets aufs Neue verändert. Die Region hat eine lange Geschichte der Landwirtschaft und Nahrungsproduktion. Eselsmilch mag in der Kochwelt heute der neueste Schrei sein, in Kroatien wird sie seit Jahrtausenden geschätzt. Frische Eselsmilch schmeckt süß und leicht.

Die erstklassigen Trüffel aus dem Landesinneren zählen zu den besten weltweit und stehen dem Superstar namens Alba-Trüffel aus dem italienischen Piemont in nichts nach. Die einzigartigen Boden- und Klimabedingungen der Region bieten einen optimalen Lebensraum. Der istrische weiße Trüffel mit seinem intensiven, erdigen Aroma ist am begehrtesten. Die weiße Wintervariante bringt bis zu 3500 Euro pro Pfund ein. Auch drei schwarze Trüffelsorten gedeihen hier, am häufigsten kommt der schwarze Sommertrüffel vor. Daneben gibt es schwarzen Wintertrüffel und Perigord-Trüffel, der aufgrund seines exquisiten Geschmacks und feinen Dufts der wertvollste von allen ist.

Istriens Olivenbäume, die dank der Nähe zum Meer seit Jahrtausenden in mineralreichen Böden gedeihen, liefern die besten Olivenöle der Welt. Die Erträge dieses flüssigen Golds sind, verglichen mit denen von Spanien, dem weltweit größten Erzeuger, zwar nur ein kleiner Tropfen, doch mit seinem hochwertigen Qualitätsprodukt hat sich Istrien einen Spitzenplatz erobert. Der renommierte Flos Olei Guide, internationaler Leitfaden rund um Olivenöle, hat Istrien sieben Jahre in Folge zur weltweit besten Region für natives Olivenöl extra erklärt – unter 55 Anbauländern auf fünf Kontinenten. Istrien ist das nördlichste Olivenanbaugebiet im Mittelmeerraum. Die fruchtige Note und prickelnde Schärfe der Öle kommen von Polyphenolen – chemischen Verbindungen mit antioxidativen Eigenschaften.

Während immer mehr Leute die exzellente Gastronomie Kroatiens zu schätzen wissen, ist die Halbinsel Istrien fast noch ein Geheimtipp. Die Leidenschaft für die lokale Küche, für authentische Aromen und Zutaten, hat mich wirklich umgehauen.

REISE-EINMALEINS

ALTSTADT MIT CHARME

An der Westküste der Halbinsel Istrien liegt das malerische Hafenstädtchen Rovinj, umspült vom kristallklaren Wasser der Adria. Rovinj war einst eine Insel, die 1763 mit dem Festland verbunden wurde. Die Altstadt mit Kopfsteinpflaster-Gassen hat hübsche kleine Plätze. Vom Hafen erreicht man mit Wassertaxis bequem mehrere vorgelagerte Inseln. Eine davon ist Sveta Katarina, mit einem spektakulären Blick auf die Altstadt. Die Insel war Drehort des großen Kochduells.

KÖNIGLICHE KNOLLEN
Trüffel, strahlende Sonne, außergewöhnliche Aromen und bezaubernde Ausblicke sorgen für Kroatiens besondere Magie!

TRÜFFEL-PLJUKANCI

ZUTATEN FÜR 6 BIS 8 PERSONEN

PLJUKANCI

200 g Weizenmehl Type 405, plus mehr zum Bestauben

1 TL Salz

TRÜFFEL-SAHNESAUCE

125 g Speck, fein gewürfelt

1 Schalotte, abgezogen und fein gehackt

2 Knoblauchzehen, abgezogen und gehackt

60 ml Weißwein

300 g süße Sahne

1 schwarzer Trüffel, mittelgroß (à 30 g), ⅓ davon gehackt, ⅔ zum Hobeln übrig lassen

Salz

frisch gemahlener schwarzer Pfeffer

ZUBEREITUNG

1. Für die **Pljukanci** in einer mittelgroßen Schüssel das Mehl und das Salz vermengen. Wasser hinzufügen, zuerst 250 ml, falls nötig, nach und nach weiteres Wasser zugeben (bis zu 125 ml) und alles zu einem Teig verrühren. Den Teig dann in der Schüssel oder auf einer leicht bemehlten Arbeitsfläche etwa 5 Minuten glatt kneten. Mit einem feuchten Küchentuch abdecken und mindestens 20 Minuten ruhen lassen.

2. Nach dem Ruhen die Hände mit etwas Mehl bestauben und mit den Fingern ein kleines Stück (etwa 1 TL) von der Teigmasse abziehen. Das Stück zwischen den Handflächen zu einer kleinen Nudel rollen (etwa 4 cm lang), die zu den Enden hin dünner wird. Wiederholen, bis die Teigmasse aufgebraucht ist. Die Nudeln mit einem feuchten Küchentuch bedecken und bis zum Kochen beiseitestellen.

3. Für die **Trüffel-Sahnesauce** in einem mittelgroßen Stieltopf den Speck bei mittlerer Temperatur 2–3 Minuten anschwitzen, bis er knusprig ist. Die Schalotte hinzufügen, dabei immer wieder umrühren. Die Schalotte 2 Minuten glasig dünsten. Die Knoblauchzehen hinzufügen und 1 Minute lang mitdünsten, bis sich der Duft entfaltet. Sobald der Knoblauch zu bräunen beginnt, die Temperatur reduzieren. Mit dem Wein ablöschen und den Bratensatz vom Pfannenboden lösen.

4. Die Sahne zugeben und die Temperatur auf niedriger Stufe lassen. Die Sauce köcheln, bis sie sämig eindickt. Danach den Herd ausschalten und den gehackten Trüffel, Salz und schwarzen Pfeffer hinzufügen. Einige Minuten ruhen lassen, dann probieren und nach Bedarf abschmecken.

5. In einem großen Topf Salzwasser zum Kochen bringen. Die Nudeln hineingeben und wenige Minuten kochen, bis sie an der Oberfläche schwimmen; dann sind sie al dente. Die Nudeln abgießen oder mit einem Sieblöffel direkt in die Sahnesauce schöpfen. Gründlich umrühren und nach Bedarf einen Spritzer Nudelwasser hinzufügen, um die Sauce etwas zu verdünnen. Probieren und eventuell nachwürzen.

6. Die Nudeln samt Sauce auf einer Servierplatte anrichten und den restlichen schwarzen Trüffel großzügig über das Pastagericht hobeln.

SCHWARZER RISOTTO

MIT GEGRILLTEM TINTENFISCH

ZUTATEN FÜR 4 PERSONEN

SCHWARZER RISOTTO

4 EL Butter

3 Schalotten, abgezogen und fein gehackt

2 Knoblauchzehen, abgezogen und fein gehackt

200 g Arborio-Reis

2 Zweige Thymian, Blätter abgezupft

1 EL Sepia-Tinte

240 ml trockener Weißwein

1,5 l Fischfond, erwärmt

Salz

60 g geriebener Parmesankäse oder gereifter Ziegen-Hartkäse

frisch gemahlener schwarzer Pfeffer

GEGRILLTER TINTENFISCH

Tintenfisch (à 230 g), gesäubert und gehäutet, Fleisch leicht durchgeklopft

Olivenöl extra vergine

Salz

frisch gemahlener schwarzer Pfeffer

½ Bund Petersilie, Blätter fein gehackt

Saft von 1 Zitrone

ZUBEREITUNG

1. Für den **schwarzen Risotto** die Butter in einen Topf mit schwerem Boden geben und bei mittlerer Hitze schmelzen. Die Schalotten hinzufügen und 2–3 Minuten glasig anschwitzen.

2. Knoblauch, Reis und Thymian hinzugeben und 2 Minuten rösten. Die Sepia-Tinte zugeben und umrühren, bis die Reiskörner gleichmäßig Farbe angenommen haben. Mit dem Wein ablöschen, um Bratreste vom Boden zu lösen. Den Wein 2–3 Minuten bis auf einen kleinen Rest einkochen.

3. Einige Schöpfkellen vom warmen Fischfond sowie eine Prise Salz hinzugeben und immer wieder umrühren, bis der Reis die Flüssigkeit fast gänzlich aufgenommen hat. Diesen Vorgang wiederholen (nur Brühe zugeben, aber kein Salz mehr) und rühren, bis ein Großteil der Brühe verdampft und der Reis al dente (bissfest) ist. Eventuell wird nicht die ganze Menge Fischfond benötigt.

4. Den Reis nach dem Garen mit dem geriebenen Käse vermengen und mit etwas Pfeffer abschmecken. Vom Herd nehmen und warm stellen, während der Tintenfisch zubereitet wird.

5. Den Grill (oder eine gusseiserne Grillpfanne) auf höchster Stufe erhitzen. Sobald Grill oder Pfanne heiß wird, diese großzügig einfetten, damit der Tintenfisch nicht anhaftet. Den Tintenfisch mit Olivenöl bestreichen und mit Salz und schwarzem Pfeffer würzen.

6. Den gewürzten Tintenfisch auf den Grill oder in die Pfanne legen und von beiden Seiten je 30 bis 60 Sekunden garen, sodass er das Grillmuster zeigt, aber nicht zu dunkel wird.

7. Den Tintenfisch vom Grill nehmen, auf ein Schneidebrett legen und kurz ruhen lassen.

8. Den Tintenfisch in möglichst feine Streifen schneiden. In eine Schüssel geben und mit der Petersilie, einem großzügigen Spritzer Zitronensaft und ein paar Spritzern Olivenöl durch Schwenkbewegungen gut durchmengen. Nach Belieben nachwürzen.

9. Den Risotto in eine große Servierschüssel geben (oder auf einzelne Schalen verteilen) und mit den Tintenfischstreifen garnieren. Mit etwas Olivenöl beträufeln und servieren.

Einsames Idyll in den wunderschönen Westfjorden Islands, wo wilde Lupinen blühen.

KAPITEL 10

UNGLAUBLICHES ISLAND

Von einem isländischen Sommer im Land aus Feuer und Eis – und einer Lehrstunde in geheimen Kochtechniken unter Nutzung der Vulkanlandschaft

Die zerklüftete Landschaft bietet eine malerische Kulisse.

IN ISLAND BEDECKEN RIESIGE GLETSCHER die aktivsten Vulkane weltweit. Auch die Küche lebt vom Kontrast zwischen Feuer und Eis. Doch Island, das »Eisland«, ist weit mehr als nur Eis. Die Landschaft ist äußerst vielfältig: vulkanische Formationen, Wasserfälle, tiefe Schluchten und Täler. Hier, unweit des Polarkreises, gibt es reichlich Süßwasser, saubere Natur und ergiebige Fischgründe – kulinarische Möglichkeiten zuhauf für den Speiseplan. Vor über zehn Jahren war ich schon mal hier, kam aber nicht dazu, verborgene Winkel und kulinarische Geheimnisse zu erkunden, oder Zubereitungs- und Konservierungsarten, die verbunden sind mit der einzigartigen Geologie und Geschichte des Landes.

»Alles, was wir verwenden, haben wir im Überfluss«, sagt mir der einheimische Chefkoch Ragnar Eiríksson bei einem Bad in einer geothermischen Quelle. Ragnar holte den ersten Michelin-Stern nach Island und betreibt als Küchenchef das Restaurant Vínstúkan Tíu Sopar in Reykjavík. Im Mittelpunkt stehen saisonale Zutaten

Das eiskalte Wasser kann Gordon nichts anhaben: Er strahlt nach einem Tauchgang mit Islands bestem Taucher Simbi Hjálmarsson … und einer reichen Ausbeute an Kammmuscheln.

KURZ-INFO

ORT

Auf Island, nahe am Polarkreis, demonstrieren zwei Urkräfte ihre Gewalt – Feuer und Eis. Die Schönheit dieser Welt entdecke ich durch die vielfältigen frischen Zutaten dieser Insel.

GEOGRAFIE

Island ist eine Vulkaninsel, mit 32 aktiven Vulkansystemen. Etwa 11 Prozent der Landesfläche sind von Gletschereis bedeckt.

FOOD FACT

Das isländische Nationalgericht *hákarl*, fermentierter Hai, wird aus Grönlandhai oder anderen Schlafhai-Arten zubereitet.

»Wir müssen nicht auf Felsen klettern für irgendwelche Kräuter. Die wachsen überall. Mitten in Reykjavík kannst du welche sammeln.«

– Chefkoch Ragnar Eiríksson

und ungewohnte isländische Aromen, die nur diese raue Landschaft bietet. »Unsere Zutaten sind vor allem frisch, weil alles in unserer Nähe wächst«, sagt er. »Wir müssen nicht auf Felsen klettern für irgendwelche Kräuter. Die sprießen überall. Auch mitten in Reykjavík kannst du welche sammeln.«

Eine Vielzahl von Wildkräutern wie Arktischer Thymian, Engelwurz, Kerbel und Liebstöckel wachsen gleich vor der Haustür. Da die isländischen Sommer nur kurz sind, nehmen sie in kürzester Zeit Energie und Nährstoffe auf, um die harten, dunklen Wintermonate zu überdauern. Die Engelwurz wurde wohl seit der ersten Besiedlung Islands für kulinarische und medizinische Zwecke verwendet; seit dem vergangenen Jahrzehnt feiert sie eine Neuentdeckung. Ihr Geschmack ist leicht süßlich und erdig, und all ihre Teile sind essbar: Blätter, Wurzeln, Samen und Stängel. Der Arktische Thymian hat einen intensiveren Duft als gewöhnlicher Thymian und verleiht jedem Gericht eine zusätzliche Dimension.

Island ist eine Fischernation, und die robuste Atlantiklachs-Population der Flüsse zeugt von einer engagierten Fischereiwirtschaft. Die meisten Angler kommen extra hierher, um in den unberührten Gletscherflüssen nach Lachs zu fischen. Bis jetzt habe ich Lachse immer mit der Angel gefangen, doch mein Begleiter Hakón Kjalar zeigt mir, wie man Lachse mit dem Netz fängt. Ich treffe ihn an der Þjórsá, dem längsten Fluss Islands und einer der wenigen, wo noch Netzfischerei praktiziert wird. Der Atlantische

INSIDERWISSEN

TIEFTAUCHGANG MIT SIMBI

Simbi Hjálmarsson aus Reykjavík zieht es immer schon ans Meer. Er taucht seit über 25 Jahren. Mit seiner Familie lebt er in Ísafjörður in den abgelegenen Westfjorden. Jakobsmuscheln, Miesmuscheln, Venusmuscheln und Seeigel, die es hier im kristallklaren Wasser der Fjorde reichlich gibt, sammelt er einzeln von Hand, um das intakte Ökosystem zu schützen. Er taucht alleine, das ganze Jahr über, bei jedem Wetter. Aus Liebe zum Tauchen gründete er Dive Westfjords und bietet Tourpakete von Gourmet-Rundfahrten über Tauchabenteuer an.

Simbi Hjálmarsson und Gordon auf dem Weg zur Muscheljagd.

NATURERBE WILDNIS
Die Halbinsel der Westfjorde ist nicht nur ein Paradies für Vögel wie den Papageientaucher, sie hat auch eine nahezu unberührte Wildnis sowie ihr kulturelles Erbe bewahrt.

SCHLAGLICHT

HAUPTSTADTKÜCHE MIT RAGNAR EIRÍKSSON

Ragnar Eiríksson, gebürtig aus Reykjavík, pendelte in seiner Jugend zwischen der Hauptstadt und dem Bauernhof seiner Tante an der isländischen Südküste. So entwickelte er eine tiefe Verbundenheit mit der Natur, den lokalen Lebensmitteln und der kulinarischen Kultur seines Landes. Nach seinem Abschluss an Islands Hotelfachschule zog er nach Kopenhagen, wo er in Nobellokalen wie Noma oder Prémisse arbeitete, ehe er zu Paul Cunningham kam, Starkoch und Betreiber zweier Michelin-Sterne-Restaurants (The Paul und Henne Kirkeby Kro).

Zurück in Reykjavík holte Ragnar den ersten Michelin-Stern nach Island und ist heute Küchenchef und Inhaber des Vínstúkan Tíu Sopar, einer kleinen Weinbar. Mit simplen Zutaten aus der

nahen Region kreiert er kleine Tapas-ähnliche Gerichte, dazu Naturweine von kleinen Erzeugern und aus weniger bekannten Regionen. Ragnar versteht es, mit dem zu arbeiten, was Island bietet, und verwandelt einfache Zutaten zu erstaunlichen Gerichten. »Schon früh wollte ich mich auf die Zutaten und Vielfalt dessen konzentrieren, was wir hier in Island haben«, sagte er. »Alles, was wir brauchen, wächst praktisch direkt vor unserer Tür. Sogar mitten in Reykjavík gedeiht so allerlei.«

Zauberhafte Wasserfall-Kulisse: Ragnar Eiríksson (links) und Gordon beim großen Kochduell mit sechs Gerichten.

Wildlachs, den wir gefangen haben, war ein Prachtkerl – fleischig fest, kaum Fett. Einer der köstlichsten, die ich je probiert habe.

Kammmuscheln, frisch aus dem Meer, ebenso wie Seeigel und Islandmuscheln bereichern die kulinarische Fülle des Landes. Beim Tauchen in der eiskalten Dänemarkstraße musste ich mich auf Trockentauchanzug und Tauchscooter verlassen, um mich so warm wie möglich zu halten, während ich in den abgelegenen Westfjorden im Nordwesten einige der weltbesten Kammmuscheln per Hand erntete. Daheim in Schottland sind Kammmuscheln an ihrer flachen Oberschale leicht erkennbar. Hier dagegen sind beide Schalenseiten gerundet. Das Ernten von Schalentieren per Hand ist umweltfreundlicher als das sogenannte »Dreschen«, das mechanische Abtrennen vom Meeresboden, das den Lebensraum Ozean schädigen und außerdem zu unerwünschtem Beifang führen kann.

Traditionelle Konservierungsmethoden, deren Ursprünge tatsächlich bis in die Wikingerzeit zurückgehen, verfeinern den Eigengeschmack der isländischen Spezialität *hákarl* – so nennt man den fermentierten Grönland-Hai. Das Fleisch dieses Hais ist für den Menschen giftig, da es große Mengen Harnstoff und Trimethylaminoxid enthält, die ihm in den eisigen Wassern als natürliches Frostschutzmittel dienen. Diese Giftflüssigkeiten werden bei der traditionellen Methode der Fermentierung aus dem Fleisch herausgepresst, während es über Monate fermentiert und trocknet. Erst dadurch wird es überhaupt essbar. Es riecht ein bisschen nach Ammoniak. Und der Geschmack von *hákarl* ist wirklich gewöhnungsbedürftig – für mich jedenfalls.

Islandpferde wurden vor mehr als 1000 Jahren von den Wikingern in das Land eingeführt.

Auf Island gibt es mehr Schafe als Menschen. Islandschafe, die größten unter den Nordischen Kurzschwanzschafen, blieben im Laufe der vergangenen Jahrtausende aufgrund der isolierten Lage Islands genetisch praktisch unverändert. Die kältetoleranten Schafe grasen auf natürlichen Weiden, trinken aus Flüssen und fressen Beeren, Engelwurz und Seetang. Ihr Fleisch ist mager und zart, fein gemasert und schmeckt schon pur so lecker, dass es kaum Gewürze braucht. Islandschafe werden heute nicht mehr kommerziell gemolken, doch es gibt noch einige Bauern, die eine kleine Herde zur Milchgewinnung halten. Die süßlich-sahnige Milch wird zu Butter, Joghurt, Skyr und Käse verarbeitet.

Island erzeugt den Großteil seines Stroms aus Erdwärme (Geothermie). Schon die alten Wikinger wussten diese Wärme clever zu nutzen und buken ihr traditionelles *rúgbrauð* (Roggenbrot) 24 Stunden lang in heißer Vulkanerde. Auch die Salzgewinnung hat eine lange Tradition. Im 18. Jahrhundert, als Island zum Königreich Dänemark gehörte, gab es in den Westfjorden ein nur durch heiße Quellen betriebenes Salzwerk, das aber aufgegeben wurde. Heute lebt das Handwerk der Salzgewinnung wieder auf. Das Salz wird von Hand geschöpft und getrocknet. Spitzenrestaurants in aller Welt verwenden das körnige Mineralsalz, das es auch in Mischungen mit Arktischem Thymian, Süßholz, Algen oder als Birkenrauchsalz gibt.

Die abgeschiedene Lage nahe dem Polarkreis machte den Import von Lebensmitteln aus anderen Landen schon immer schwierig. Island war auf heimische Nahrungsquellen angewiesen, und seit jeher führten die Isländer in dieser rauen Natur einen harten Kampf ums Überleben. Doch das bedeutet keineswegs nur Einschränkung, Island ist reich gesegnet mit Süßwasser und einer sauberen Natur, die die einzigartigen Aromen jeder Zutat zur vollen Entfaltung bringt.

SO SCHMECKT ISLAND

EIN VULKANISCHER GENUSS

Nach seiner Karriere als Koch betreibt Sigurður »Siggi« Rafn Hilmarsson heute das Geothermalbad Laugarvatn Fontana am See Laugarvat, wo er aufgewachsen ist. Die heißen Quellen versorgen den ganzen Ort mit Energie. Und sie dienen noch einem anderen Zweck. Roggen wird in Island gern zum Brotbacken verwendet. Siggis Rezept für *rúgbrauð* (Roggenbrot) stammt von seiner Großmutter. Traditionell wird es in einem mit Butter eingefetteten Topf gebacken, der im Erdboden nahe heißer Quellen vergraben wird. Das *rúgbrauð* wird dann 24 Stunden lang in der Erdwärme gebacken – ein dunkles, saftiges Brot, mit süßlicher Note.

Isländer Siggi und Gordon auf dem Weg zum Brotbacken im heißen Erdboden.

KAMMMUSCHELN AUS DER PFANNE

MIT EINGELEGTEM RHABARBER UND APFELSALAT

ZUTATEN FÜR 4 PERSONEN

EINGELEGTER RHABARBER

240 ml Branntweinessig

100 g Zucker

1 EL Salz

1 TL gelbe Senfkörner

1 TL schwarze Pfefferkörner

3 Stangen Rhabarber, nur die roten Teile, in Scheiben geschnitten (à 0,5 cm)

APFELSALAT

1 Schalotte, abgezogen und in feine Ringe geschnitten

2 Äpfel, fein gewürfelt

75 g eingelegter Rhabarber, abgetropft (s. oben)

Abrieb und Saft von 1 unbehandelten Zitrone

2 EL gehackte Petersilie, plus mehr zum Garnieren

2 EL gehackter Kerbel, plus mehr zum Garnieren

Salz

1-2 EL Rhabarber-Sud

KAMMMUSCHELN

12 frische Kammmuscheln (Muskelfleisch ausgelöst; Schalen gesäubert und beiseitegestellt)

Salz

2 EL Olivenöl

30-60 ml Whisky

Saft von ½ Zitrone

Meersalz

ZUBEREITUNG

1. Für den **eingelegten Rhabarber** Essig, 125 ml Wasser, Zucker, Salz, Senfkörner und Pfefferkörner in einen kleinen Topf geben und bei mittlerer Temperatur langsam zum Kochen bringen, bis der Zucker aufgelöst ist, dann vom Herd nehmen.

2. Den Rhabarber in ein hitzebeständiges Glas geben und mit dem Sud übergießen, bis alles bedeckt ist. Abkühlen lassen, dann abdecken und bis zur weiteren Verwendung im Kühlschrank aufbewahren, mindestens 20 Minuten. Der eingelegte Rhabarber kann bis zu einer Woche im Voraus zubereitet werden.

3. Für den **Apfelsalat** in einer mittelgroßen Schüssel Schalotte, Äpfel, eingelegten Rhabarber, Zitronenabrieb, Petersilie, Kerbel und eine Prise Salz gut vermengen. 1 EL des Rhabarber-Suds sowie den Zitronensaft hinzugeben und durchmischen. Eventuell mit etwas mehr Sud, Salz oder Zitronensaft abschmecken. Beiseitestellen.

4. Die **Kammmuscheln** trocken tupfen und großzügig mit Salz würzen. In einer große Pfanne das Öl bei mittlerer Temperatur erhitzen und zügig, aber vorsichtig jede Muschel einzeln hineingeben. Achtung: Nur neben-, nicht aufeinanderlegen, sondern portionsweise vorgehen, falls erforderlich. Das Muschelfleisch nur kurz anbräunen, etwa 30 Sekunden. Mit einem Schuss Whisky ablöschen und den Alkohol vorsichtig entzünden. Wenige Sekunden flambieren, dann die Flamme löschen. Sind die Muscheln schön gebräunt (nach etwa 1 Minute), alle wenden und die andere Seite 30–60 Sekunden scharf anbraten.
Aus der Pfanne nehmen und auf einem Schneidebrett kurz ruhen lassen. Mit dem Zitronensaft und etwas Meersalz verfeinern.

5. Das Muschelfleisch in mundgerechte Häppchen schneiden und in die Schüssel mit dem Apfelsalat geben. Gut durchmischen, abschmecken und bei Bedarf nachwürzen.

6. Die 12 Muschelschalen auf eine Platte legen und den Apfel-Muschel-Salat gleichmäßig darauf verteilen. Mit der Petersilie und den Kerbelblättern garnieren.

GEGRILLTER LACHS

MIT BRENNIVÍN-BUTTERSAUCE

ZUTATEN FÜR 6 BIS 8 PERSONEN

BRENNIVIN-BUTTERSAUCE

60 ml Brennivín (oder Aquavit)

60 ml Weißweinessig

1 Schalotte, abgezogen und gehackt

1 Knoblauchzehe, abgezogen und gehackt

50 g süße Sahne

240 g Butter, kalt, in Würfel (à 2,5 cm) geschnitten

Salz

frisch gemahlener schwarzer Pfeffer

GEGRILLTER LACHS

1 ganzer Wildlachs (à 2 bis 2,5 kg), geschuppt und entgrätet

60 ml Olivenöl

Salz

1 Zitrone, halbiert

Meersalzflocken

KRÄUTERSALAT

1 Bund Petersilie, gehackt

1 Bund Kerbel, gehackt

1 Bund Dill, gehackt

Fenchelgrün von 1 Knolle, gehackt

ZUBEREITUNG

1. Für die **Brennivín-Buttersauce** in einem kleinen Topf Brennivín, Essig, Schalotte und Knoblauch langsam aufkochen und bis auf etwa 2 EL Flüssigkeit reduzieren. Die Sahne hinzufügen und 1 Minute köcheln.

2. Die Temperatur reduzieren und mit einem Schneebesen die Butterwürfel esslöffelweise langsam und nacheinander einrühren (immer erst, wenn ein Würfel geschmolzen ist). Ständig rühren, damit die Sauce nicht zu heiß wird und ausflockt. Sobald sie sämig ist, mit Salz und Pfeffer abschmecken, durch ein feines Sieb gießen und die Schalotten und den Knoblauch entfernen.

3. Einen Grill auf höchste Stufe aufheizen und mindestens 15 Minuten lang heiß werden lassen. Den Rost gründlich einfetten.

4. Für den **gegrillten Lachs** den Fisch auf ein Schneidebrett legen und mit Küchenpapier trocken tupfen. Die Haut mit einem scharfen Messer ein paar Mal leicht einritzen. Den Lachs großzügig mit Olivenöl bestreichen, am besten von Hand, und rundherum mit Salz einreiben.

5. Den Lachs mit der Hautseite nach unten auf den Rost legen. Den Grill schließen und den Fisch 10 Minuten garen; dann wenden und weitere 8–10 Minuten garen (je nach Dicke).

6. Den Lachs vorsichtig vom Grill heben und mit der knusprigen Hautseite nach oben auf ein sauberes Schneidebrett legen. Die Zitronenhälfte über dem Lachs auspressen und mit einer Prise Meersalz verfeinern.

7. Kräutersalat: Während der Lachs ruht, alle Kräuter in einer mittelgroßen Schüssel vermischen.

8. Den Lachs auf eine Servierplatte geben und mit dem Kräutersalat anrichten. Dazu die Brennivín-Buttersauce servieren.

LAMM MIT KRÄUTERKRUSTE

MIT BRATKARTOFFELN UND PILZEN

ZUTATEN FÜR 2 PERSONEN

GRÜNE PFEFFERSAUCE

2 EL Butter

2 Schalotten, abgezogen und gehackt

1 Knoblauchzehe, abgezogen und fein gehackt

1 EL grüne Pfefferkörner, zerdrückt

250 ml Lamm- oder Rinderbrühe

125 ml Lamm- oder Rinder-Demiglace (konzentrierter Saucenfond)

2 EL körniger Dijon-Senf

2 EL süße Sahne

KARTOFFELN UND PILZE

2 EL Olivenöl

250 g kleine Kartoffeln, mit Schale

Salz

1 Zwiebel, abgezogen und gewürfelt

180 g Champignons, halbiert

1 Knoblauchzehe, abgezogen und fein gehackt

frisch gemahlener schwarzer Pfeffer

Sherry-Essig

LAMM MIT KRÄUTERKRUSTE

2 EL Olivenöl extra vergine

2 Lammrücken oder Lammfilets (à 250 g)

Salz

frisch gemahlener schwarzer Pfeffer

2 EL Butter

1 Knoblauchzehe, zerdrückt

4 Zweige Thymian, Blätter abgezupft

2–3 EL Dijon-Senf

3 EL gehackter Kerbel

3 EL gehackte Petersilie

3 EL gehackter Dill

Meersalz

ZUBEREITUNG

1. Für die **Pfeffer-Sauce** 1 EL Butter in einen kleinen Stieltopf geben und bei mittlerer Temperatur zerlassen. Sobald die Butter geschmolzen ist, Schalotten, Knoblauch und grünen Pfeffer hinzugeben und 1–2 Minuten anschwitzen, dann Lamm- oder Rinderbrühe, Saucenfond und Senf mit dem Schneebesen einrühren. Die Sauce auf die Hälfte reduzieren, etwa 5–10 Minuten. Die Sahne unterrühren.

2. Den zweiten EL Butter einrühren und abschmecken. Von der Kochplatte nehmen, aber auf dem Herd warm halten.

3. Für die **Kartoffeln und Pilze** in einer großen Pfanne das Öl bei mittlerer Temperatur erhitzen. Die Kartoffeln in das heiße Öl geben, salzen und einen Deckel auflegen. Garen und gelegentlich umrühren, bis die Kartoffeln fast weich sind.

4. Die Zwiebel hinzufügen und 2–3 Minuten anschwitzen. Die Temperatur reduzieren, die Pilze und den Knoblauch hinzufügen und weiter garen, bis die Pilze zusammenfallen und Farbe annehmen. Mit Salz und Pfeffer würzen, einen Schuss Sherry-Essig hinzugeben und alles gut verrühren. Abschmecken und bei Bedarf nachwürzen. Vom Herd nehmen und warm stellen.

5. Für das **Lamm mit Kräuterkruste** eine große gusseiserne Pfanne einige Minuten bei mittlerer Temperatur erhitzen. Sobald die Pfanne heiß ist, das Öl hinzufügen. Das Lammfleisch trocken tupfen und rundherum mit Salz und Pfeffer einreiben.

6. Die Lammrücken oder Lammfilets in die Pfanne geben und 30–60 Sekunden (je nach Dicke des Fleischs) scharf anbraten, dabei leicht andrücken, damit sie eine schöne Kruste bekommen. Das Fleisch wenden und den Vorgang für die andere Seite wiederholen. Butter, Knoblauch und Thymian hinzufügen, dabei die zerlassene Butter aus der Pfanne auch verwenden, um den Lammrücken oder die Lammfilets damit zu beträufeln.

7. Mit dem Begießen 1–2 Minuten fortfahren, bis das Fleisch rosa gebraten ist (medium rare, Kerntemperatur von 55 °C). Vom Herd nehmen und mit dem Dijon-Senf bestreichen. Kerbel, Petersilie und Dill auf einen Teller geben. Das Lammfleisch 5 Minuten ruhen lassen, dann rundum in der Kräutermischung wälzen, auf ein Schneidebrett legen und in Medaillons schneiden.

8. Die warmen Champignons und Kartoffeln zum Servieren auf einer Platte anrichten. Die Lamm-Medaillons dazulegen und mit einer Prise Meersalz und den restlichen gehackten Kräutern bestreuen. Dazu die warme Pfeffersauce servieren.

Das Städtchen Nazaré ist berühmt für die größten surfbaren Wellen weltweit!

PORTUGALS ZER

KAPITEL 11

KLÜFTETE KÜSTE

An der Atlantikküste ist das reiche Erbe der portugiesischen Küche von den Handelsrouten und den Aromen der landeseigenen Zutaten geprägt.

Gordon und Chefkoch Kiko Martins genießen frisch gekochte Entenmuscheln.

PORTUGAL MIT SEINER WINDGEPEITSCHTEN KÜSTE und zerklüfteten Landschaft weckt einen Abenteuergeist, der die Menschen und die Küche des Landes für Generationen geprägt hat. Als eine der mächtigsten Seefahrernationen der Welt sicherte sich Portugal im 16. Jahrhundert das Monopol im globalen Gewürzhandel. Noch heute profitieren Land und Küche vom Zeitalter der großen Entdeckungen. Über die Handelswege, die Lissabon über Kerala und Sri Lanka mit den Maluku-Inseln und Malaysia verbanden, kamen vielerlei Zutaten ins Land. Was die portugiesische Küche ausmacht, ist ihr Fokus auf natürliche Aromen. Qualitativ hochwertige Produkte sprechen für sich, und die Einfachheit der Gerichte bringt sie bestens zur Geltung. Portugal, im Südwesten der Iberischen Halbinsel, ist nicht sonderlich groß, bietet aber eine unglaubliche kulinarische Vielfalt.

Meeresdelikatessen: Venusmuscheln, Entenmuscheln, Sardinen.

KURZ-INFO

ORT

Entlang der zerklüfteten Küste Portugals bieten Land und Meer feinste Delikatessen.

GEOGRAFIE

Fünf der sechs größten, jemals gemessenen Wellen ereigneten sich vor der Küste von Nazaré. Die Monsterwellen entstehen durch den größten Unterwasser-Canyon Europas (190 km lang und 5 km breit).

FOOD FACT

Jahrhundertealte See- und Handelsrouten haben die portugiesische Küche geprägt, die französische, mediterrane und afrikanische Aromen in sich vereint.

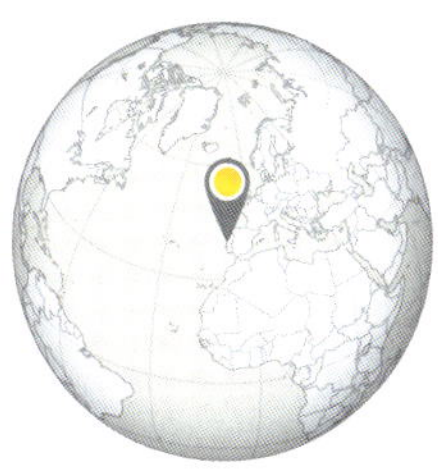

»In Portugal geht es um die Einfachheit und Qualität der Produkte«, sagt Chefkoch Kiko Martins, als wir uns im Küstenstädtchen Nazaré treffen, dem weltberühmten Surfer-Paradies. Ein Unterwasser-Canyon sorgt für bis zu 30 m hohe Wellen. Kiko ist ein gefeierter portugiesischer Koch. Er besuchte die berühmte Kochschule Le Cordon Bleu in Paris, bevor er sein Können in den Sterne-Restaurants Europas perfektionierte. Doch die kulinarische Bindung zu seiner Heimat ist stark. »Bei uns in der Familie spricht man ständig übers Essen, das war schon immer so«, sagt er. »Beim Mittagessen geht es darum, was es abends gibt. Beim Abendessen geht es darum, was es am nächsten Mittag gibt.«

Mit mehr als 1770 km Küstenlinie spielen Meeresfrüchte in Portugals Küche eine zentrale Rolle, und die Portugiesen tun alles, um den wunderbaren Geschmack des Ozeans in ihre Küche zu holen. Entenmuscheln (*percebes*) sind ebenso schmackhaft wie hässlich. Sie gedeihen in scharfkantigen Felsspalten in der Gezeitenzone, dort, wo die Brandung am stärksten peitscht. Sie sehen aus wie winzige Elefantenzehen und lassen sich einfach zubereiten, indem man sie nur kurz in kochendem Salzwasser blanchiert. Ihr Geschmack ist salzig frisch, wie eine Meeresbrise. Und nun, da ich weiß, wie viel Mühe es macht, sie zu ernten, schmecken sie mir noch besser.

Die schwierige Ernte der kostbaren Entenmuscheln hat ihren Preis – auf dem Markt ebenso wie für die passionierten Sammler, die sie unter der Wasserlinie vom Fels abernten. Immer wenn ich zu einem Fußballspiel bei meinem Freund David Beckham in Madrid war, gingen wir danach zusammen noch etwas essen, vorzugsweise Entenmuscheln. Aber mir war nie bewusst, dass es derart gefährlich ist, sie zu ernten, bis ich mich in Portugal selbst darin versuchte und von riesigen Wellen überspült wurde. Nach unten gedrückt, die Ohren voller Meerwasser, ist an Muschelernte kaum mehr zu denken, zumal sogleich die nächste Welle anbrandet und du dich an die schar-

SO SCHMECKT PORTUGAL

SARDINEN – HEISS BEGEHRT

Der portugiesische Fischer Joaquim Zaror fischt von Kindheit an. Durch den Einsatz moderner Sonargeräte sind Sardinen heute viel besser zu lokalisieren als früher, aber es ist immer noch der Mensch, der hinausfährt aufs Meer und seine Netze um die Schwärme zieht. Ein typischer Fang kann bis zu 60 000 Sardinen einbringen. Doch Sardinenfischer haben es oft schwer. Manchmal spielt die Natur nicht mit, und der Fang fällt äußerst mager aus, vor allem, wenn eine Schule hungriger Delfine es auf denselben Schwarm abgesehen hat.

Fangfrische Sardinen.

FAMILIEN-BANKETT
Aus einer Fülle lokaler Zutaten wird ein Festmahl für den Bürgermeister von Nazaré (rechts) und seine Familie.

SCHLAGLICHT

WEINBAU MIT TRADITION

In der Region um Sintra, am westlichsten Punkt des europäischen Festlandes, trotzen die Winzer seit Generationen den atlantischen Winden. Der Weinanbau hat in Portugal eine jahrhundertealte Tradition, doch aufgrund städtischer Ausdehnung ging die noch bewirtschaftete Rebfläche stark zurück. Winzer Hélder Cunha, Gründer und Miteigentümer von Casca Wines, arbeitet mit lokalen Erzeugern zusammen. In mehr als zehn Regionen (darunter Colares) keltert er hochklassige Weine mit dem Ziel, die alten Weintraditionen zu bewahren.

Die Ursprungsbezeichnung Colares ist streng geschützt: Die Weine müssen aus der Ramisco- oder Malvasia-Traube hergestellt sein, die an den Sandboden-Rebstöcken von Colares reiften. Die Ramisco-Rebe macht 75 Prozent des Weinbaus aus und ist eine der seltenen europäischen Rebsorten, die wurzelecht wächst. Außerhalb von Colares sind diese Sorten kaum zu finden. Die Weingärten von Colares sind Nationalerbe. Die Reben brauchen die Wärme des Sandes, um direkt am Boden zu reifen; sind die Traubenbüschel groß genug, heben Winzer sie vorsichtig an und stützen sie mit kleinen, aus Schilf geschlagenen Hebestäben ab, damit die Luft zirkulieren kann und die Trauben weiter reifen. Zugleich müssen die Winzer darauf achten, dass das Salz, das mit den Atlantikwinden heranweht, die Blätter nicht verbrennt.

Señor Gonzalo (links) und Hélder Cunha erklären Gordon die einzigartige Anbauweise ihrer Reben.

ADRENALINRAUSCH

MEERESERNTE

Ricardo Cosme ist *percebeiro*, Entenmuschel-Sammler. Er sammelt das ganze Jahr über Entenmuscheln, die entlang der zerklüfteten Küste in scharfkantigen Felsspalten sitzen. Je stärker die Wellen sind und je tiefer die Muscheln sitzen, desto größer und besser sind sie, sagt er. Eine Entenmuschel mit einer *arrilhada* (eine Art langes Stecheisen) vom Fels zu kratzen, bevor die nächste Welle kommt, erfordert unglaubliches Können. Die beste Zeit für das Sammeln ist bei Ebbe, erklärt mir Ricardo, und schärft mir die allerwichtigste Regel ein: Sei stets auf der Hut, und dreh dem Meer niemals den Rücken zu.

Entenmuschel-Sammler Ricardo Cosme zeigt Gordon seine Ausbeute.

fen Kanten der Felsen klammerst, um nicht von der starken Strömung mitgerissen zu werden.

Weniger heikel ist der Sardinenfang. Sardinen sind aus dem kulturellen und wirtschaftlichen Gefüge Portugals nicht wegzudenken. Sie sind Grundnahrungsmittel und Handelsgut, seit die alten Römer vor Portugals Küste riesige Schwärme entdeckten. Im Sommer, vor allem im Festmonat Juni, der die Volksheiligen Santo António und São João feiert, ist die Luft erfüllt vom unwiderstehlichen Duft gegrillter Sardinen. Früher galten Sardinen als Arme-Leute-Essen. Heute sind sie heiß begehrt und teuer, zumal ihr Fang durch den Klimawandel immer geringer wird, da steigende Wassertemperaturen sie nordwärts in kältere Gewässer treiben.

Süßspeisen, *doces* genannt, gehören zu jeder Mahlzeit dazu. Das Rezept für *Pão de ló*, einen Biskuitkuchen, stammt aus dem 17. Jahrhundert. Der Kuchen wird aus dem Ofen geholt, noch ehe er durchgebacken ist und behält so einen zähflüssigen Kern. Es braucht viel Geschick und eine ruhige Hand, um den Kuchen aus der glühend heißen Kupferbackform zuerst auf ein Dessertblech und dann in eine Tortenschachtel zu stürzen. Kuchen und Süßspeisen wie diese wurden von Nonnen erfunden. Die Zutaten für *Pão de ló* sind so bescheiden wie seine Erfinderinnen – nur Eier, Zucker, Mehl, Zitronenabrieb, ein Schuss portugiesischer Likör.

Die Phönizier brachten Schweine ins Land. Die schwarzen Ibérico-Schweine (*porco preto*) und einheimischen Wildschweine sind direkte Nachfahren davon. Sie sind das ganze Jahr im Freien, wo sie in den Eichenwäldern der Region Alentejo nahrhafte Eicheln finden. Reichlich Platz sowie die gesunde Ölsäure in den Eicheln sorgen für ein saftiges, mit Fett marmoriertes Fleisch. Ich habe schon außergewöhnliches Wagyu probiert, aber das *secreto* (Saumfleisch), ein Teilstück des *porco preto*, ist unglaublich. Es zergeht auf der Zunge – das beste Schweinefleisch, das ich je probiert habe!

Die Portugiesen tun alles, um den wunderbaren Geschmack des Ozeans in ihre Küche zu holen.

Die Reben im Weingarten von Colares, die einige der ältesten Weinsorten des Landes hervorbringen, winden sich wie smaragdgrüne Schlangen über den sandigen Boden unweit des Atlantiks. Die Rebstöcke liegen direkt auf dem Sand, geschützt vor dem Meereswind. Der sandige Oberboden, unterlagert von schwerem Lehmboden, bietet ideale Bedingungen. Mitte des 19. Jahrhunderts gab es einen Schädling, der fast alle Reben in Europa befiel und vernichtete, außer denen, die hier im Sand wuchsen, da die Reblaus in sandigem Boden nicht überlebensfähig ist. Der winzige Weingarten, den ich besuche, erzeugt einen Wein, der schmeckt wie einer der teuersten Burgunder.

Portugal hat mir die Augen geöffnet. Ich habe die Seele der portugiesischen Küche verstanden: Weniger ist mehr. Mach es nicht zu kompliziert. Lass die Aromen für sich sprechen. Diese Erkenntnis hat meinen kulinarischen Horizont erweitert und mir Zutaten nähergebracht, die ich so nie verwendet hätte. Nein, das gastronomische Portugal steht bestimmt nicht im Schatten seines spanischen Nachbarn – es weiß durchaus aus eigener Kraft zu strahlen.

Die Klippen von Sítio überragen die majestätische Küste von Nazaré.

GEGRILLTE SARDINEN MIT EINER FÜLLUNG AUS PAPRIKA

UND ZITRONEN-KRÄUTER-SEMMELBRÖSELN

ZUTATEN FÜR 4 BIS 6 PERSONEN

2 EL Olivenöl extra vergine, plus mehr zum Beträufeln

1 Zwiebel, abgezogen und klein gewürfelt (etwa 120 g)

2 rote Paprikaschoten, entkernt und klein gewürfelt (etwa 240 g)

Salz

2 Fresno-Chilis, entkernt und fein gehackt

1 Knoblauchzehe, abgezogen und fein gehackt

500 g Semmelbrösel

Abrieb von 1 unbehandelten Zitrone

1 Bund Petersilie, fein gehackt

frisch gemahlener schwarzer Pfeffer

6 große Sardinen, geschuppt und ausgenommen*

1 Zitrone, in Spalten geschnitten

** Statt der Sardinen kann auch eine andere Fischsorte (bis etwa 15 cm Länge) gefüllt werden.*

ZUBEREITUNG

1. Einen Grill (oder Backofengrill) auf 230 °C vorheizen.

2. In einer großen Pfanne das Olivenöl bei mittlerer Temperatur erhitzen. Die Zwiebel und die Paprika hinzufügen, mit einer großzügigen Prise Salz würzen und 2 Minuten anschwitzen. Die Chilischoten und den Knoblauch hinzufügen und weitere 2 Minuten braten, bis sich der Duft entfaltet. Die Semmelbrösel einstreuen, dabei stetig mit einem Holzkochlöffel umrühren, bis die Semmelbrösel röstbraun sind.

3. Die Pfanne vom Herd nehmen und die Mischung mit Zitronenabrieb, Petersilie, Salz und Pfeffer vermengen. Jede Sardine mit ein paar Löffeln der Semmelbrösel-Mischung füllen.

4. Die Sardinen mit etwas Olivenöl beträufeln und mit Salz und Pfeffer würzen. Die gefüllten Sardinen vorsichtig in einen Grillkorb legen und bei mittlerer Temperatur 2–3 Minuten pro Seite grillen, bis die Haut knusprig wird und die Sardinen gar sind.**

5. Die gegrillten Sardinen warm mit den Zitronenspalten servieren. Mit den übrigen Semmelbröseln garnieren.

*** Am besten einen Fischgrillkorb oder gewässerte Holzspießchen verwenden, um die Sardinen zusammenzuhalten. Alternativ können die Sardinen auch in einer gusseisernen Pfanne knusprig braun gebraten werden.*

PORCO À ALENTEJANA

MIT MUSCHELN UND KIRSCHTOMATEN

ZUTATEN FÜR 4 BIS 6 PERSONEN

250 g kleine Kartoffeln

500 g Fleisch vom Iberico-Schwein (vorzugsweise *secreto*), in dünne Streifen geschnitten

Salz

1 EL natives Olivenöl extra vergine, plus mehr nach Bedarf

175 g feste Chorizo, in 0,5 cm feine Scheiben geschnitten

3 Schalotten, abgezogen und in dünne Ringe geschnitten (etwa 100 g)

2 Knoblauchzehen, abgezogen und fein gehackt

2 Fresno-Chilis, entkernt und in dünne Ringe geschnitten

2 rote Paprika, entkernt und in dünne Streifen geschnitten

600 g Kirschtomaten

120 ml trockener Weißwein

100 g Tomatenpüree

500 g Venusmuscheln, geschrubbt

1 EL frische Thymianblätter

180 ml Fischfond

frisch gemahlener schwarzer Pfeffer

4 EL Butter

Abrieb von 1 unbehandelten Zitrone

geröstetes Baguette, zum Servieren

ZUBEREITUNG

1. Die Kartoffeln in einen großen Topf geben. Mit Wasser füllen, sodass die Kartoffeln gut 1,5 cm hoch bedeckt sind. Das Wasser salzen, zum Kochen bringen und die Kartoffeln 10 Minuten garen, dann abgießen. Sobald die Kartoffeln kühl genug sind, um sie weiterzuverarbeiten, in zwei Hälften schneiden. Beiseitestellen.

2. Das Schweinefleisch großzügig mit Salz würzen. Einen Schmortopf bei mittlerer Temperatur erhitzen. Sobald er heiß ist, 1 EL Olivenöl hineingeben. Die Fleischstücke portionsweise in den Topf legen und scharf anbraten, bis das Fett leicht austritt. Das Schweinefleisch herausnehmen und beiseitestellen. Im selben Topf die Chorizo-Scheiben 5–7 Minuten knusprig braun braten. Die Chorizo herausnehmen und beiseitestellen.

3. Die Schalotten in den Schmortopf geben, bei Bedarf etwas mehr Olivenöl hinzufügen und 3–5 Minuten anschwitzen.

4. Knoblauch, Chilischoten und Paprika in den Schmortopf geben und 2–3 Minuten köcheln, bis sich der Duft entfaltet. Die Kirschtomaten dazugeben und warten, bis sie blasig werden und aufplatzen. Die Hälfte des Weißweins angießen und köcheln, bis er etwa auf die Hälfte reduziert ist und die Tomaten leicht »marmeladig« werden. Dabei den Bratensatz vom Topfboden lösen. Das Tomatenpüree hinzugeben und das Ganze weitere 10–15 Minuten köcheln, bis sich alle Aromen verbunden haben.

5. Die zweite Hälfte Weißwein, Muscheln, Thymian und Fischfond hinzugeben. Abdecken und 3–5 Minuten köcheln, bis sich die Muscheln öffnen. Alle Muscheln, die sich nicht von selbst geöffnet haben, wegwerfen. Das Schweinefleisch und die Chorizo in den Schmortopf geben. Die Kartoffeln hinzufügen und mit Salz und Pfeffer würzen. Die Butter hineingeben und weiter köcheln, um die Sauce noch etwas einzudicken. Mit Zitronenabrieb garnieren und mit geröstetem Baguette servieren.

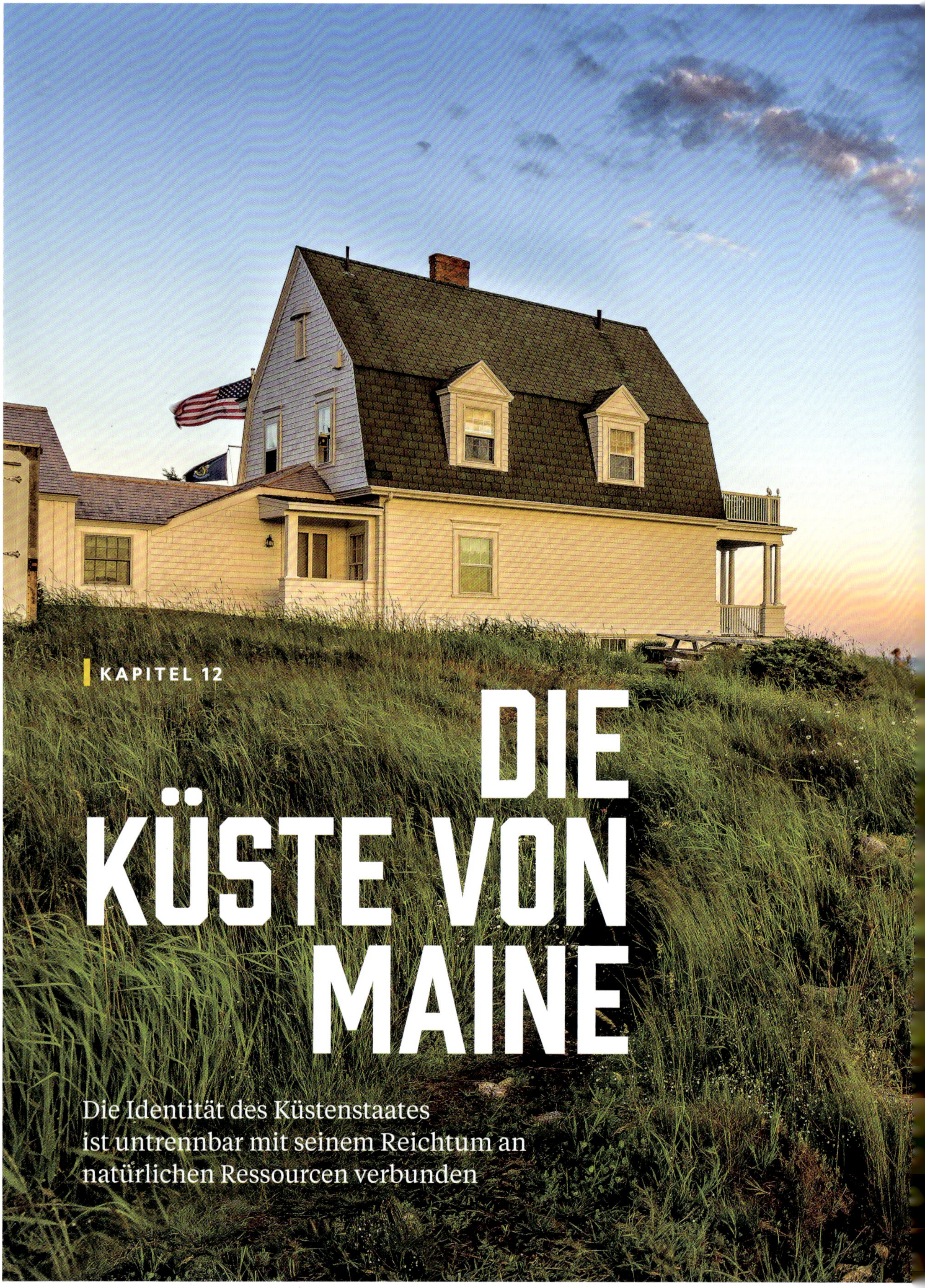

KAPITEL 12

DIE KÜSTE VON MAINE

Die Identität des Küstenstaates ist untrennbar mit seinem Reichtum an natürlichen Ressourcen verbunden

Abenddämmerung am Marshall Point Lighthouse in Port Clyde, an der Felsküste von Maine.

Rockland (Maine):
Gordon sammelt
frische Schalentiere.

MAINE, WELTBERÜHMT FÜR SEINE Felsküsten und Binnenwasserstraßen, ist Heimat einiger der köstlichsten Meeresfrüchte weltweit. Kältere Gewässer und Nährstoffe, die der Golfstrom nach Norden bringt, sind optimal für Schalentiere und kleinere Köderfische, die wiederum größere Fische anziehen. Auch die küstennahen Fischereigebiete machen die Meeresfrüchte hier so exklusiv. Tagesfischerei-Flotten fahren hinaus und kehren mit Delikatessen zurück, die fangfrisch auf die Märkte und in die Restaurants kommen. Und nicht nur das Meer bietet Nahrung im Überfluss, auch an Land gibt es frische Zutaten zuhauf, und zwar ganzjährig. Die üppige Landschaft bietet ideale Weideflächen für Kühe, die hervorragende Milch liefern – für Butter, Käse und Eiscreme. In den Weiten der Natur wachsen reichlich Wildpflanzen wie Farne, Ramp-Lauch und Blaubeeren. Maine produziert alljährlich rund 1,9 Mio. Liter Ahornsirup, in der Hochsaison von Ende Februar bis Mitte April im 24-Stunden-Betrieb.

Reiche Ausbeute, frisch aus dem Meer.

KURZ-INFO

ORT

Trumpfkarte von Maine ist das Meer. An der Küste genieße ich fangfrische Meeresfrüchte – und auch feine Kostbarkeiten vom Land.

GEOGRAFIE

Maine, der größte Bundesstaat Neuenglands, grenzt im Norden und Osten an Kanada, im Westen an New Hampshire und im Süden an den Atlantik. Das kalte Wasser ist einer der Gründe, warum Meeresfrüchte hier so gut gedeihen.

FOOD FACT

Maine ist einer der größten Hummerproduzenten der Welt. Rund 45 000 Tonnen Hummer werden hier jährlich gefischt.

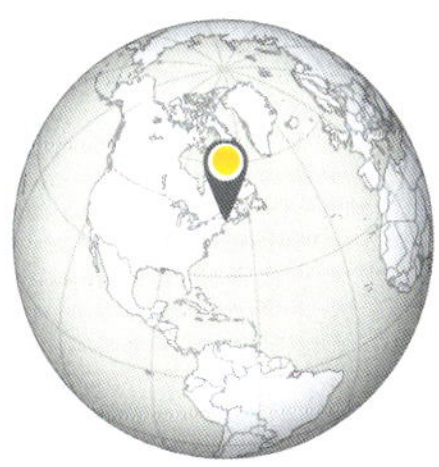

Die Bewegung »Vom Hof und Meer auf den Tisch« ist auch an der Küste von Maine aktiv.

»Wir in Maine sind hart im Nehmen, das Salz der Erde«, erzählt mir die zweifach mit dem James Beard Award ausgezeichnete Köchin Melissa Kelly, als wir auf dem Boot durch eisige Gewässer fahren, um an einem bestimmten Ufer Meeralgen zu sammeln. Melissa betreibt ihr eigenes Restaurant, das Primo. Viele Köche und Jungbauern kamen in den letzten 15 Jahren nach Maine, erzählt sie mir, angelockt von der Fülle natürlicher Zutaten. Und sie haben die kulinarische Messlatte ziemlich hochgelegt.

Die Bewegung »The ocean-to-table-movement«, zu der auch Melissa gehört, ist überall aktiv, insbesondere entlang der Küsten von Maine, wo Hummer gleichbedeutend ist mit Lebensart. Maine trägt den Titel »Hummerhauptstadt der Welt«. Die kalten, sauberen Wasser vor der Küste verhindern, dass das Fleisch der Krustentiere das Salz aufnimmt, was ihm einen zartsüßen Geschmack verleiht. Die Hummer vor Maines Küste sind größer, haben auch größere Scheren, wachsen aber langsamer als anderswo – doch sie tummeln sich hier in Scharen und machen 80 Prozent der Hummerpopulation in den USA aus.

Bis ins 19. Jahrhundert galt Hummer aus Maine nicht als Delikatesse. Hummer wurden in so großer Zahl an die Strände gespült, dass er als Arme-Leute-Essen oder Knast-Mahlzeit galt. Die Bewohner von Maine sind wahre Hummer-Küchenmeister und verwenden das Krustentier für allerlei Gerichte – für Suppe, als Salat oder im Klassiker Hummer-Thermidor. Richtig stolz sind sie auf ihre »Lobster Rolls« (Hummer-Sandwiches) – getoastete und gebutterte Brötchen, großzügig gefüllt mit Mayonnaise-Hummersalat.

Die meisten Hummer-Fischer werfen ihre Köder von Juni bis Oktober aus, wenn die Krustentiere

---

SO SCHMECKT MAINE

EIN FAMILIENBETRIEB

Bereits vor vielen tausend Jahren ernährten sich erste Siedler hier von Austern und Muscheln – und das tun die Mainer bis heute. An der Spitze einer Landzunge auf North Haven Island betreiben Adam Campbell und sein Sohn Zebadiah die North Haven Oyster Company. Das Wasserbecken, in dem die Muscheln leben, wird von Süßwasser gespeist, bei Flut strömt aber auch Salzwasser hinein. Die Austern gedeihen am Grund und entwickeln so ein salziges Aroma. Einige kommen in den

Adam Campbell (rechts) und Sohn Zeb vor ihrem Meeresfrüchte-Laden.

Verkauf, andere über Nacht in Salzlake, ehe sie 24 Stunden lang geräuchert und in Olivenöl eingelegt werden.

KÜSTENPARADIES

Im Uhrzeigersinn von oben links: Chefköchin Melissa Kelly wählt nur feinsten Blasentang; traumhaft schöne Segelfahrt bei Sonnenuntergang; das große Kochduell: Blauflossen-Thunfisch, auf heißen Steinen gegrillt.

SCHLAGLICHT

VOM HOF DIREKT AUF DEN TISCH

Chefköchin Melissa Kelly hat das Kochen von ihrer italienischen Großmutter gelernt. Geboren auf Long Island (NY), studierte sie am Culinary Institute of America. Nach Stationen in Japan, Frankreich, Kalifornien und New York ließ sie sich vor gut 20 Jahren in Maine nieder. Sie kaufte ein 1,8 Hektar großes Grundstück unweit der Penobscot Bay, baute ein Gewächshaus, legte einen Garten an, nahm Bienen und ein paar Nutztiere dazu und eröffnete im Jahr 2000 direkt daneben ihr Restaurant Primo. Die täglich wechselnde Karte ist berühmt für frische saisonale Zutaten von allerbester Qualität.

»Ich wollte schon immer naturverbunden kochen«, sagt Melissa. »Das war seit jeher mein Traum.« In der Hochsaison bezieht sie rund 80 Prozent der Zutaten direkt von ihrer Farm, die mittlerweile recht groß geworden ist, zwei Gewächshäuser und mehrere Nutztiere umfasst. Auch ihr Restaurant hat sich vergrößert – von 50 auf 150 Plätze. Durch die räumliche Nähe von Farm und Restaurant wird auch die Verwertung von Küchenabfällen möglich. Inzwischen betreibt die zweifache Gewinnerin des James Beard Award zwei weitere Restaurants in Orlando und Tucson, ebenfalls nach der Philosophie »Vom Hof und Meer auf den Tisch«.

Kochen unter freiem Himmel: Melissa Kelly und Gordon geben ihren Gerichten den letzten Schliff.

Scosso
vive

in großer Zahl näher an die Küsten kommen. Doch auch bei eisigen Temperaturen im Winter fahren hier etliche hartgesottene Fischer für tagesfrische Fänge hinaus. Auf einem Hummerboot zu arbeiten, ist ein Knochenjob. Man muss schnell arbeiten – Ködernetze schnüren, Hummerkörbe aus dem Wasser ziehen, Fang herausnehmen, neue Köder platzieren, gut verschließen, zurück ins Wasser werfen und aufpassen, dass sich die Körbe nicht mit der Leine verheddern.

Entlang der Küste formen Landzungen viele Mündungsarme, wo Süßwasser aus den Binnenflüssen und salziges Meerwasser vom Atlantik zusammenfließen. Diese Buchten bieten Austern und Muscheln ideale Lebensräume. Muscheln gibt es hier seit ewigen Zeiten, wie etliche Fundstellen prähistorischer Abfallhaufen an einigen Uferregionen belegen.

Der Salzgehalt der Austern aus Maine kann stark variieren, je nach Gezeitenströmung, Salzigkeit des Wassers und Meeresnähe. So wie Hummer wachsen auch Austern in kaltem Wasser deutlich langsamer, wodurch sie bis zu ihrer Marktreife, nach drei bis vier Jahren, einen besonders intensiven Geschmack ausbilden. Venusmuscheln aus Maine gibt es in zwei Varianten: hartschalig und weichschalig. Weichschalenmuscheln sind dünner, brüchiger und sehr beliebt, auch in den Restaurants. Hartschalenmuscheln haben eine harte, dicke Schale und sind unterschiedlich groß. Die Atlantische Riesentrogmuschel (auch: Surf Clam, spisula solidissima) kann mehr als ein Pfund

Das Markenzeichen von Maine sind Meeresfrüchte. Doch weites Ackerland und saubere Luft sorgen auch für glückliche Kühe – sowie köstliche Butter und Sahne.

wiegen, während Islandmuscheln sehr viel kleiner sind und salziger schmecken. Sie gehören zu den ältesten Organismen der Erde und können über 200 Jahre alt werden.

Auch Meeralgen und Mikroalgen sind Teil der Ernte. Im Golf von Maine gibt es 250 verschiedene Seetangarten, doch nur knapp ein Dutzend werden kommerziell geerntet. Meeralgen stammen heute kaum mehr aus Wildpopulationen, sondern werden vermehrt in Aquakulturen auf Algenfarmen gezüchtet, wo neue Sorten die jährlichen Erträge steigern. Einige der Algenfarmer sind zugleich Hummerfischer und bauen in der Nebensaison Seetang (Kelp) an. Mineralstoffreiche Algen wie Rotalge, Blasentang, Irisch-Moos oder Zuckertang verleihen Fisch- und Meeresfrüchtegerichten eine feine Umami-Note.

Auch Milchprodukte werden vor Ort erzeugt und gehören in Maine zu den Grundnahrungsmitteln. Hunderttausende Morgen Ackerland und kleine Waldungen sind erstklassige Weideflächen für Kühe, Schafe und Ziegen, die Milch für köstliche Butter, Sahne, Joghurt, Käse und Eiscreme liefern. Es gibt knapp 200 Milchviehhöfe, fast ausschließlich Familienbetriebe. Mehr als 28 000 Kühe geben pro Jahr rund 265 Millionen Liter Milch – mehr als genug Butter also für Hummer-Gerichte. Es gibt Molkereien, die kommerziell produzieren, aber auch handwerkliche Hofmolkereien – wie die Swallowtail Farm and Creamery, wo ich meine eigene Butter für das große Kochduell schlagen darf.

Reiche Fischgründe machen Maine zu einem einzigartigen Paradies für Meeresfrüchte. Dank nährstoffreichen, kalten Gewässern und der Tagesfischerei-Flotten, die Delikatessen frisch an Land bringen, gebührt alle Ehre hier dem Wasser. Doch aus der Kombination der Schätze des Meeres mit den Kostbarkeiten vom Land entsteht eine geradezu himmlische Offenbarung!

INSIDERWISSEN

WALDLAND

Maine ist großteils von Wald bedeckt, trägt daher den Beinamen »Pine Tree State« und hat eine lange Geschichte der Holzfällerei – bereits im 17. Jahrhundert sollen englische Forscher auf Monhegan Island Bäume gefällt haben. Zedernholz gibt Fisch und Fleisch ein unverwechselbares Raucharoma, und so besuche ich »Timber« Tina Scheer, die mir zeigen kann, wie man das Holz in echter Holzfäller-Manier zusägt. Das Rollen, Spalten, Sägen, Axtwerfen und Klettern hat sie von klein auf gelernt. Heute moderiert sie die Great Maine Lumberjack Show auf ihrer eigenen Timbersport-Anlage.

»Timber« Tina Scheer zeigt Gordon, wie das Axtschwingen richtig geht.

GEGRILLTER THUNFISCH UND AUSTERN-AIOLI

MIT BRUNNENKRESSE UND BASILIKUM

Rezept von Melissa Kelly

ZUTATEN FÜR 4 PERSONEN

POCHIERTE AUSTERN

240 ml Weißwein

10 Austern, ausgelöst (4 Schalen zum Anrichten zurückbehalten)

AIOLI

8 Eigelb

6 pochierte Austern (von 10, wie oben angegeben)

2 Knoblauchzehen

60 ml frisch gepresster Zitronensaft

240 ml Olivenöl extra vergine

gemahlener weißer Pfeffer

THUNFISCH

500 g Blauflossen-Thunfischfilet (Center Cut, am Stück)

2 EL Olivenöl extra vergine

1 EL Salz

2 TL frisch gemahlener schwarzer Pfeffer

BEILAGE

500 g Speck, dicke Scheiben, knusprig angebraten

500 g Tomaten, in Scheiben geschnitten

500 g Kirschtomaten, halbiert

4 Salatherzen, ohne Wurzelstrunk

Brunnenkresse

Basilikum (vorzugsweise Dark Opal oder eine andere violette Sorte)

ZUBEREITUNG

1. Für die **pochierten Austern** in einem Topf den Weißwein bei mittlerer Temperatur zum Kochen bringen. Die Austern darin 1–2 Minuten köcheln, bis sich die Ränder der Austern kräuseln. Die Austern aus dem Weißwein herausnehmen und vollständig abkühlen lassen.

2. Für die **Aioli** in einem Mixer die Eigelbe sowie 6 der 10 pochierten Austern mit dem Knoblauch, dem Zitronensaft und 60 ml kaltem Wasser pürieren. Das Olivenöl bei kleiner Stufe langsam in den Mixer geben, bis es sich mit der Masse verbunden hat. Mit weißem Pfeffer würzen.

3. Einen Grill auf 200 °C vorheizen. Das **Thunfischfilet** mit dem Olivenöl bestreichen, mit Salz und Pfeffer würzen und auf dem vorgeheizten Grill 1 Minute braten, bis es zu karamellisieren beginnt. Wenden und 1 weitere Minute grillen, bis die zweite Seite ebenfalls eine goldbraune Farbe annimmt. Den Thunfisch vom Grill nehmen, auf ein Schneidebrett legen und 5 Minuten ruhen lassen. Dann gegen die Faserrichtung in Steaks schneiden.

4. Zum Servieren die Aioli auf einem großen Teller verstreichen und die Thunfischsteaks, den Speck, die Tomaten und die Salatherzen darauf anrichten. Mit den übrigen 4 pochierten Austern in den zurückbehaltenen Austernschalen, der Brunnenkresse und dem Basilikum garnieren.

AUSTERN À LA ROCKEFELLER

MIT RAHMSPINAT UND SEMMELBRÖSEL

ZUTATEN FÜR 4 PERSONEN

RAHMSPINAT

750 g Spinat

2 EL Butter

1 Schalotte, abgezogen und gehackt

1 Knoblauchzehe, abgezogen und gehackt

½ TL frisch gemahlene Muskatnuss

Chiliflocken

120 g süße Sahne

50 g Frischkäse (Doppelrahmstufe)

Abrieb von 1 unbehandelten Zitrone

60 g Parmesan, frisch gerieben

SEMMELBRÖSEL

1 EL Olivenöl

1 Knoblauchzehe, abgezogen und gehackt

120 g Panko-Semmelbrösel

1 Prise Salz

AUSTERN

12 Austern (in einer Schalenhälfte)

Steinsalz oder Meeralgen (optional)

1 Zitrone, in Spalten geschnitten

ZUBEREITUNG

1. Für den **Rahmspinat** in einem großen Topf Wasser salzen und zum Kochen bringen. Den Spinat hineingeben und 30 Sekunden blanchieren. Den Spinat herausnehmen und, sobald er handwarm abgekühlt ist, mit der Hand soviel Flüssigkeit wie möglich ausdrücken. Beiseitestellen.

2. In einem Topf bei mittlerer Temperatur die Butter zerlassen und die Schalotte darin 2 Minuten glasig anschwitzen. Den Knoblauch, die Muskatnuss und eine Prise Chiliflocken hinzufügen. Die Sahne und den Frischkäse einrühren und alles miteinander verrühren. Kurz köcheln, dann den Spinat in die Pfanne geben und vorsichtig unterheben. Den Zitronenabrieb und den Parmesankäse unterrühren. Beiseitestellen.

3. Alle Zutaten für die **Semmelbrösel** in einer kleinen Schüssel vermengen (am besten mit der Hand). Beiseitestellen.

4. Einen Grill oder Backofengrill auf 230 °C vorheizen. Die Austern in ihrer Schalenhälfte auf ein kleines Backblech legen, auf einem Bett aus Steinsalz oder Meeralgen (eventuell auch auf zerknüllte Alufolie setzen, damit sie nicht umkippen).

5. Jede Auster einzeln mit einem gut gehäuften EL Rahmspinat garnieren und obenauf einen großzügigen Löffel Semmelbrösel geben. Auf den heißen Grill oder in den Backofen stellen und 5–8 Minuten grillen, bis der Spinat Bläschen wirft und die Semmelbrösel goldbraun und knusprig sind.

6. Mit den Zitronenspalten servieren.

HUMMER-MUSCHEL-BOUILLABAISSE

ZUTATEN FÜR 6 PERSONEN

1 ganzer Hummer (à 750 g)

60 ml Olivenöl

1 Zwiebel, abgezogen und gehackt

3 Knoblauchzehen, abgezogen und gehackt

500 g Kirschtomaten

500 g kleine Kartoffeln

4 Zweige Thymian, Blätter abgezupft

1 TL Chiliflocken

1 Safranfaden (nach Belieben)

Salz

60 g Tomatenmark

120 ml Weißwein

1 l Krustentierfond oder Hummerfond

1 kg Venusmuscheln, gesäubert

1 Zitrone, halbiert

gehackte Petersilienblätter

gehacktes Fenchelgrün

knuspriges Brot zum Servieren

ZUBEREITUNG

1. In einem großen Topf Wasser salzen und zum Kochen bringen. Den ganzen Hummer in das kochende Wasser geben und 2–3 Minuten garen. Den Hummer herausnehmen und in ein Eiswasserbad geben. Gut abtropfen lassen. Sobald er handwarm abgekühlt ist, halbieren und säubern. Das Hummerfleisch komplett auslösen, in etwa 2,5 cm große Stücke schneiden und samt der Hummerschale für später zurückbehalten. Bis zur weiteren Verwendung im Kühlschrank aufbewahren.

2. In einem großen Topf mit schwerem Boden das Olivenöl bei mittlerer Temperatur erhitzen und die Zwiebel darin 2–3 Minuten glasig anschwitzen. Den Knoblauch und die Kirschtomaten hinzufügen und 2–3 weitere Minuten garen, bis sie blasig zerfallen. Die Kartoffeln, den Thymian, die Chiliflocken und den Safran (nach Belieben) hinzufügen, mit Salz würzen, umrühren und 1 Minute köcheln.

3. Alle Zutaten seitlich an den Topfrand schieben und das Tomatenmark in die nun freie Topfmitte geben. Das Tomatenmark 1 Minute verrühren, bis es karamellisiert. Mit dem Wein ablöschen und mit einem Holzlöffel die Bratreste vom Topfboden lösen. Den Krustentier-Fond und die Hummerschalen hinzugeben, zum Köcheln bringen und 30 Minuten köcheln.

4. Abschmecken und bei Bedarf nachwürzen. Die Hummerschalen herausnehmen und entsorgen.

5. Die Muscheln in den Topf geben, umrühren und Deckel auflegen, damit die Muscheln dämpfen und die Schalen sich öffnen.* Alle Muscheln, die sich nicht von selbst geöffnet haben, herausnehmen und wegwerfen. Das zurückbehaltene Hummerfleisch zu den Muscheln in den Sud geben und vorsichtig umrühren. Nach Belieben etwas Zitronensaft hinzufügen.

6. Die Bouillabaisse auf tiefe Teller verteilen und mit Petersilie und Fenchelgrün bestreuen. Mit knusprigem Brot servieren.

** Anstatt die Muscheln zu dämpfen, können sie auch über offenem Feuer auf einem Grill gegart und dann zusammen mit dem Hummerfleisch in die Bouillabaisse gegeben werden (so habe ich es in Maine gemacht).*

HUMMER-THERMIDOR

MIT GEGRILLTEM MAIS UND ROTKOHLSALAT

ZUTATEN FÜR 2 PERSONEN

MEERALGEN-BUTTER

120 g Butter, Raumtemperatur

2 EL essbare Meeralgen (Wakame oder Dulse-Alge), grob zerkleinert

2 EL fein gehackte Estragon-Blätter

Abrieb von 1 unbehandelten Zitrone

1 Knoblauchzehe, abgezogen und gehackt

1 TL geräuchertes Paprikapulver

¼ TL Salz

PARMESAN-SEMMELBRÖSEL

1 EL Olivenöl

1 Knoblauchzehe, abgezogen und fein gehackt

120 g Semmelbrösel

60 g Parmesankäse, frisch gerieben

1 Prise Salz

ROTKOHLSALAT

½ kleiner Kopf Rotkohl, Strunk entfernt, in feine Streifen geschnitten

1 TL Salz

2 EL Apfelessig

1 EL Mayonnaise oder Vollfett-Joghurt

1 TL Honig, bei Bedarf mehr

Abrieb und Saft von ½ unbehandelten Zitrone

1 TL frisch gemahlener schwarzer Pfeffer

GEGRILLTE MAISKOLBEN

2 Maiskolben, geschält

natives Olivenöl extra

Salz

1 EL Meeralgen-Butter (s. links)

HUMMER THERMIDOR

1 ganzer Hummer (à 750 g)

1 EL Olivenöl

1 Schalotte, abgezogen und gehackt

1 Knoblauchzehe, abgezogen und gehackt

Salz

trockener Sherry oder Weißwein

2 EL Meeralgen-Butter (s. links)

1 EL Weizenmehl Type 405

200 g süße Sahne

frisch gemahlener schwarzer Pfeffer

2 EL fein gehackter Estragon

frisch gepresster Zitronensaft

Parmesan-Semmelbrösel (s. links)

ZUBEREITUNG

1. Für die **Meeralgenbutter** in einer mittelgroßen Schüssel alle Zutaten zu einer glatten Masse vermengen. Abschmecken und beiseitestellen.

2. Für die **Parmesan-Semmelbrösel** in einer kleinen Schüssel alle Zutaten mit der Hand vermengen und beiseitestellen.

3. Für den **Rotkohlsalat** den Rotkohl in eine große Schüssel geben, mit Salz bestreuen und per Hand durchkneten. Alle anderen Zutaten für den Salat in einer mittelgroßen Schüssel zu einem glatten Dressing verrühren. Den Rotkohl in die Schüssel mit dem Dressing geben, dabei das ausgetretene Wasser vom Rotkohl zurückhalten, und durchmischen. Abschmecken und beiseitestellen.

4. Einen Grill auf 200 °C vorheizen oder eine gusseiserne Grillpfanne bei mittlerer Temperatur langsam erhitzen. Die **Maiskolben** rundherum mit Öl bestreichen, salzen und direkt auf den heißen Grill oder in die Pfanne geben. Gelegentlich wenden, damit sie von allen Seiten gleichmäßig bräunen; sobald die Maiskolben gar sind und eine schöne goldbraune Farbe haben, vom Grill nehmen. Mit der Meer-

algen-Butter bestreichen und warmhalten.

5. Hummer-Thermidor: In einem Topf Wasser zum Kochen bringen, den ganzen Hummer hineingeben und 8 Minuten köcheln.* Herausnehmen, handwarm abkühlen lassen, dann in zwei Hälften schneiden und säubern.

6. Das Hummerfleisch auslösen und in etwa 1,5 cm große Stücke schneiden. Die beiden Schalenhälften zurückbehalten.

7. In einer großen Bratpfanne das Öl bei mittlerer Temperatur erhitzen und die Schalotten darin 2–3 Minuten glasig anschwitzen. Den Knoblauch hinzufügen, salzen und weitere 1–2 Minuten anschwitzen. Mit einem Schuss Sherry ablöschen und umrühren, um den Bratensatz vom Pfannenboden zu lösen.

8. 1 EL der Meeralgen-Butter hinzufügen und schmelzen lassen, dann das Mehl 30 Sekunden mit dem Schneebesen unterrühren. Die Sahne langsam eingießen und mit dem Schneebesen verquirlen. Die Mischung wenige Minuten köcheln, bis sie eindickt und an der Rückseite eines Löffels haften bleibt.

9. Das Hummerfleisch zusammen mit dem zweiten EL Meeralgen-Butter hinzufügen. Mit Salz und Pfeffer abschmecken und weitere 3–5 Minuten köcheln, damit das Hummerfleisch gart. Den Estragon und einen Spritzer Zitronensaft hinzufügen.

10. Die beiden Hummerschalenhälften auf ein Backblech legen. Die Füllung gleichmäßig auf beide Hälften verteilen, mit den Semmelbröseln bestreuen und in den Ofen schieben. Wenn die Füllung Blasen wirft und die Semmelbrösel goldbraun sind, aus dem Ofen nehmen.

11. Die gefüllten Hummerschalen mit den Maiskolben und dem Rotkohlsalat auf einer Servierplatte anrichten.

**Anstatt den Hummer im Ganzen zu kochen, kann er auch der Länge nach in zwei Hälften geschnitten und über offenem Feuer auf einem Grill gegart werden (so habe ich es in Maine gemacht).*

In der Wildnis der Great Smoky Mountains gibt es eine Küche, die so vielfältig und geschichtsträchtig ist wie die Landschaft.

KAPITEL 13

DIE GREAT SMOKY MOUNTAINS

Ein tollkühnes Abenteuer auf der Suche nach den köstlichsten Zutaten, die dieser atemberaubende Gebirgszug zu bieten hat.

Der Deep Creek Trail im Great-Smoky-Mountains-Nationalpark.

DAS ERBE DER GREAT SMOKY MOUNTAINS reicht Tausende Jahre zurück, als indigene Völker hier jagten, fischten und Nahrung sammelten. Im Schmelztiegel der frühen Bewohner – Cherokees, Sklaven, europäische Einwanderer – fanden vielerlei Küchen sowie ein ausgeprägtes Bewusstsein für den Ort zusammen. Nach wie vor sind die Bewohner stolz auf ihre Vorfahren, fühlen sich eng verbunden mit ihrem Land und allem, was es hervorbringt. Eigenständigkeit und Kreativität waren den Menschen hier gute Lehrmeister, haben sie gelehrt, wie man die kurzen Vegetationsperioden nutzt, Lebensmittel konserviert und im reichsten »botanischen Garten« Nordamerikas Nahrung findet. Dass diese Traditionen bis heute überdauern, während Kochkünste sich weiterentwickelt haben, ist den Einheimischen hier zu verdanken, die über Generationen hinweg ihr Erbe hochhalten und fortführen, wissen, wie man Saatgut schützt und in den Smoky Mountains Nahrung findet oder jagt.

Mitten im Wald: Gordon gibt die Mischung aus Wasser und Mais in die Destillieranlage.

KURZ-INFO

ORT

»Moonshine«, Waldpilze, Forelle und Schwein sind nur einige der geheimen Zutaten im kulinarischen Potpourri der Great Smoky Mountains.

GEOGRAFIE

Die Great Smoky Mountains sind Teil des Gebirgszugs der Appalachen. Im Great-Smoky-Mountains-Nationalpark ragen die Gipfel bis 1520 m hoch.

FOOD FACT

Die erste neue legale Schnapsbrennerei der USA seit den Zeiten der Prohibition, die Piedmont Distillers in Madison (North Carolina), eröffnete 2005.

»Die Smoky Mountains gehören zu den artenreichsten Regionen der Erde.«

– Chefkoch William Dissen

»Was die Nahrung betrifft, ist es ein kleines Paradies«, sagt Chefkoch William Dissen, nachdem ich mich gerade über einen 15 Meter hohen Wasserfall abgeseilt habe, um ihn zum Fliegenfischen zu treffen. Der preisgekrönte Küchenchef ist Inhaber des The Market Place in Asheville (North Carolina), arbeitet mit lokalen Farmern, Fischern und Erzeugern zusammen und kreiert so einige der besten Gerichte, die diese Region zu bieten hat. »Die Smoky Mountains gehören zu den artenreichsten Regionen der Erde«, sagt er. »Kein Wunder, dass die Cherokee sich hier niederließen. Gemäßigte Jahreszeiten, klares Wasser, fruchtbare Böden, Wildfische in Bächen, freilebendes Wild in Wäldern und überall wächst etwas Essbares, auch Heilpflanzen.«

Die Cherokee lernten, mit dem Land zu leben. Sie bereiteten Maisbrei zu, indem sie die Maiskörner in einer aus der Asche von Hartholz gewonnenen Lauge einweichten und stundenlang über offenem Feuer kochten. Dieses Verfahren nennt man Nixtamalisierung. Es verändert die Zellstruktur im Mais und macht die darin enthaltenen Nährstoffe wie Lysin, Tryptophan und Niacin für den menschlichen Körper verwertbar. Auch die Körner werden weicher, da

SO SCHMECKEN DIE SMOKY MOUNTAINS

»LIVERMUSH«

Matt Helms, Metzgermeister und Miteigentümer der Chop Shop Butchery in Asheville, zeigt mir, wie man »Livermush« herstellt – Grundnahrungsmittel in den Appalachen. Aus Schweineleber, Fleischresten, Gewürzen und Maismehl entsteht ein herzhafter Fleischlaib. »Der Südstaaten-Vetter der Pâté«, sagt Matt. »Aber statt einer Panade nehmen wir Maismehl als Bindemittel.« »Livermush« ist ein beliebtes Frühstück, ob mit gegrillten Zwiebeln im Buttermilchbrötchen oder als Pizzabelag. Das günstige Gericht verwertet alle Teile vom Tier, ohne etwas zu verschwenden.

Matt Helms und Gordon machen »Livermush«.

DAS ABENTEUER RUFT

Im Uhrzeigersinn (von oben links): Speck brutzelt auf dem Outdoor-Grill; Gordon tollkühn beim Abseilen an einem Wasserfall; Pilze wachsen an Baumstämmen im Wald empor; Gordon beim Fliegenfischen mit William Dissen.

SCHLAGLICHT

HOMINY – EINE LEHRSTUNDE MIT MALIA CROWE

Malia lebt im Qualla Boundary in North Carolina, dem angestammten Land der AniKituhwa, wie die Cherokee sich selbst bezeichnen. Einst erstreckte sich das Land von Malias Vorfahren über das heutige Alabama, Georgia, Kentucky, South Carolina, Tennessee, Virginia und West Virginia. Mais (*selu*, in der Cherokee-Sprache Tsalagi) spielt hier von jeher eine wichtige Rolle. *Selu* bedeutet nicht nur »Mais«, sondern ist auch der Name der Mais-Mutter, die den Frauen ihres Volks *selu* schenkte, um es zu nähren und die matrilinear organisierte Gemeinschaft zu festigen. *Selu* ist das Erbe, in dem Zeremonien, Religion und Wirtschaft dieser Kultur fest verwurzelt sind.

Mais ist hier eine Grundzutat – ob für süße oder herzhafte Gerichte, für Brot oder Knödel, für Suppen oder Eintöpfe, oft kombiniert mit Bohnen. »Mais, Bohnen und Kürbis sind drei Schwestern, die zusammen gepflanzt werden. Der Mais bietet den Bohnen eine Rankhilfe, die Bohnen geben Stickstoff an die Wurzeln von Mais und Kürbis, die stacheligen Kürbisblätter bieten Schutz, und der Boden bleibt gesund«, sagt Malia. »Das zeigt unseren Glauben an *gadugi* – jeder hilft jedem.«

Malia Crowe zeigt Gordon, wie man *hominy* zubereitet.

DAS GROSSE KOCHDUELL
Der Tisch ist gedeckt – vor atemberaubender Kulisse –, fehlen nur noch die Gäste!

sich die Schalen ablösen. Nach dem Waschen kann das saubere Maismehl weiterverarbeitet oder zur späteren Verwendung getrocknet werden, denn die Nixtamalisierung verhindert ein Auskeimen und ermöglicht eine langfristige Lagerung.

Die unterschiedlichen Klimazonen und Höhenlagen, die alten Urwälder und neuen Schutzgebiete lassen viele wilde, essbare Pilze gedeihen. Zum Glück habe ich den erfahrenen Sammler Alan Muskat an meiner Seite, damit ich mich nicht versehentlich nach einem Giftpilz bücke. Am Fuße eines Baums entdecke ich eine wahre Schönheit – den blassbraunen Gemeinen Klapperschwamm (Maitake), der mit seinen büschelartig ineinander verwachsenen Hüten einem echten Kunstwerk gleicht. Er ist nicht nur einzigartig schön, sondern auch extrem wohlschmeckend – und kommt beim großen Kochduell definitiv auf den Tisch.

Fliegenfischen ist in den Smoky Mountains das ganze Jahr über erlaubt, und es gibt viele klare, stille Bäche, in denen sich Forellen tummeln (Seeforellen, Bachforellen und Regenbogenforellen). Sie ernähren die Bergbewohner seit Generationen. Die vielseitige Zutat – ob gegrillt, geräuchert oder gebraten – lässt sich mit einer Vielzahl von saisonalen Produkten kombinieren.

Flusskrebse finden sich hier in so gut wie jedem Bach. Man muss nur einen Stein umdrehen, und schon schnellt ein Flusskrebs vor und stiebt davon. Der weit verbreitete Süßwasserbewohner ist überall in North Carolina heimisch. Es gibt hier mehr als 40 Arten, die weltweit einzigartig sind. Die Anzahl der Flusskrebse in einem Gewässer gilt als guter Bio-Indikator für dessen ökologischen Zustand.

Keith Sprinkle, ein erfahrener Kajakfahrer, zeigt mir, wie man mit etwas Speck, leeren Plastikgefäßen und Fantasie einen simplen Flusskrebs-Köder baut. Einfache Falle, großer Fang!

North Carolina ist der zweitgrößte Schweinefleisch-Produzent in den USA. Also komme ich beim großen Kochduell an Schweinefleisch nicht vorbei. »Livermush« gehört hier zu einem guten Frühstück unbedingt dazu. Es ist ein Püree aus gekochter Schweineleber, Schweineschulter und Gewürzen, das mit Maismehl abgebunden wird, um es schnittfest zu machen – wie Pâté. Die Scheiben werden dann in einer Gusseisenpfanne gebraten und danach, wahlweise auch mit Ei, zwischen zwei Brötchenhälften gepackt. »Livermush« gibt es auch fertig zu kaufen – ein schnelles Essen für alle, die morgens einen günstigen und leckeren Sattmacher brauchen, um in den Tag zu starten. Ein echter Leckerbissen!

Moonshine, »schwarz« gebrannter, unversteuerter Schnaps, hat hier eine jahrhundertelange Tradition. Das Geschäft boomte nach 1908, als North Carolina als erster Bundesstaat der USA das Alkoholverbot einführte. Der Ursprung der NASCAR-Rennen liegt bei den Schwarzbrennern – sie frisierten ihre Fahrzeuge, um mit Mordsspeed über verschlungene Nebenstraßen zu rasen und mit ihrem Schwarzbrand der Polizei zu entgehen. Heute wird Schnaps legal produziert, und die Zahl der industriellen Destillerien und handwerklichen Brennereien wächst beständig. Derrick zeigt mir, wie man früher Schnaps hergestellt hat – nur gute alte Technik und getrocknete Maiskörner. Nach dem Mahlen nimmt er mich mit zu seiner versteckten Brennerei im Wald, wo wir die Maische kochen und destillieren. Was herauskommt, ist Schnaps pur ... und ich speie fast Feuer!

Hier in den Great Smoky Mountains habe ich faszinierende Zutaten gefunden und einige der bestgehüteten Geheimnisse längst vergangener Generationen erfahren. Und das ist den Menschen zu verdanken, die dieses Erbe bis heute hochhalten. Ich habe nur an der Oberfläche dieser artenreichen Region mit ihrer unglaublichen kulinarischen Geschichte gekratzt. Dabei gäbe es noch so viel mehr zu entdecken!

INSIDERWISSEN

EIN KIND DER APPALACHEN

Chefkoch William Dissen wuchs im Appalachen-Gebirge von West Virginia auf. Und das hat ihn geprägt. Genau wie die Vom-Garten-auf-den-Tisch-Mahlzeiten seiner Großmutter. Seine Art zu kochen ist inspiriert von nachhaltiger Landwirtschaft, regionaler Küche und der Leidenschaft für einzigartige Aromen und Tradition. Nach seinem Abschluss am Culinary Institute of America arbeitete er in den Küchen von West Virginia, Kalifornien und South Carolina, ehe er sich in Asheville (North Carolina) niederließ. Er ist Inhaber und Küchenchef des The Market Place, wo er seine Philosophie der Nachhaltigkeit lebt.

Chefkoch William Dissen erklärt die Zubereitung von gut abgehangenem Schinken.

»LIVERMUSH«-BRÖTCHEN

MIT EINGELEGTEN ZWIEBELN UND PILZEN

ZUTATEN FÜR 6 PERSONEN

EINGELEGTE ZWIEBELN UND PILZE

480 ml Champagner-Essig

100 g Zucker

1 rote Zwiebel, abgezogen und in feine Scheiben geschnitten

90 g Shimeji-Pilze (Buchenpilze)

»LIVERMUSH«-BRÖTCHEN

3 EL Öl *

240 g Pâté aus Schweineleber (oder selbst gemachter »Livermush«)

3 Buttermilch-Brötchen, halbiert

6 frische Wachteleier

1 TL Salz

1 TL frisch gemahlener schwarzer Pfeffer

2 EL körniger Senf

glatte Petersilie, gehackt

** Meine Empfehlung für ein schmackhaftes, nicht zu dominantes Öl mit höherem Rauchpunkt: 75 Prozent Olivenöl mit 25 Prozent neutralem Pflanzenöl vermischen.*

ZUBEREITUNG

1. Für die eingelegten Zwiebeln und Pilze in einem kleinen Topf den Essig und den Zucker bei mittlerer Temperatur zum Kochen bringen. Die Zwiebel und die Pilze in eine mittelgroße Schüssel geben.

2. Sobald sich der Zucker aufgelöst hat, die Mischung über die Zwiebel und die Pilze gießen. Abkühlen lassen, dann bis zur Verwendung im Kühlschrank aufbewahren.

3. Für die »Livermush«-Brötchen in einer großen Bratpfanne 1 EL des Öls bei mittlerer Temperatur erhitzen.

4. Den »Livermush« oder die Pâté in sechs große Stücke schneiden und in die Pfanne geben. Von beiden Seiten je 2–3 Minuten scharf anbraten. Den »Livermush« aus der Pfanne nehmen und beiseitestellen. Das Fett aus der Pfanne nicht abgießen.

5. In derselben Pfanne die Brötchen mit der Schnittfläche nach unten rösten. Dann herausnehmen.

6. Die übrigen 2 EL Öl hinzugeben und die Wachteleier nacheinander in die Pfanne schlagen. Knusprig anbraten und mit Salz und Pfeffer würzen.

7. Zum Servieren die Brötchenhälften jeweils mit Senf bestreichen, den gebratenen »Livermush« und die Wachteleier auflegen und mit der Zwiebel-Pilz-Mischung und der Petersilie garnieren.

GEBUTTERTE FLUSSKREBSE

MIT CHEDDARKÄSE-MAISBREI

ZUTATEN FÜR 2 PERSONEN

CHEDDARKÄSE-MAISBREI

480 ml Krustentier-Fond*

150 g Maisgrieß (Polenta)

240 g süße Sahne

120 g Cheddarkäse, grob geraspelt

Salz

frisch gemahlener schwarzer Pfeffer

GEBUTTERTE FLUSSKREBSE

3 EL Butter

1 Schalotte, abgezogen und fein gehackt

1 Knoblauchzehe, abgezogen und gehackt

300 g Flusskrebsfleisch, frisch oder tiefgekühlt und aufgetaut

Apfelkorn

Abrieb und Saft von ½ unbehandelten Zitrone

1 Frühlingszwiebel, in feine Ringe geschnitten

** Krustentier-Fond ist meist schon salzig, daher den Maisbrei erst nach dem Probieren mit Salz abschmecken, zumal Cheddarkäse hinzukommt, der ebenfalls Salz abgibt.*

ZUBEREITUNG

1. Für den **Cheddarkäse-Maisbrei** in einem mittelgroßen Topf den Krustentier-Fond bei hoher Temperatur zum Kochen bringen. Den Maisgrieß einrühren, die Temperatur reduzieren und zugedeckt 20 Minuten köcheln, dabei immer wieder umrühren, damit nichts verklumpt oder anbrennt. Die Sahne mit dem Schneebesen unterrühren und 5–10 Minuten weiter köcheln lassen, bis der Maisgrieß weich ist. Vom Herd nehmen und den Cheddarkäse unterrühren. Nach Bedarf mit Salz und Pfeffer abschmecken.

2. Für die **gebutterten Flusskrebse** in einer großen Pfanne die Butter bei mittlerer Temperatur schmelzen. Die Schalotte und den Knoblauch hinzufügen und glasig anschwitzen. Das Flusskrebsfleisch hinzugeben und in der Pfanne schwenken. Mit einem Schuss Apfelkorn ablöschen, den Bratensatz vom Pfannenboden lösen und das Ganze 3–5 Minuten köcheln. Vom Herd nehmen, den Zitronenabrieb und Zitronensaft einrühren.

3. Zum Servieren den Käse-Maisbrei auf zwei Schälchen verteilen und das Flusskrebsfleisch drauflöffeln. Mit den Frühlingszwiebel-Ringen garnieren.

IN HONIG GERÖSTETER KÜRBIS

MIT PILZEN IN BRAUNER BUTTER

ZUTATEN FÜR 2 BIS 4 PERSONEN

IN HONIG GERÖSTETER KÜRBIS

1 Speisekürbis (vorzugsweise eine alte Sorte), halbiert und entkernt*

Salz

frisch gemahlener schwarzer Pfeffer

3 EL Honig

natives Olivenöl extra

Chiliflocken (nach Belieben)

2 EL Weißweinessig

PILZE IN BRAUNER BUTTER

500 g Pilze (Gemeiner Klapperschwamm, Schwefelporling oder Trompetenpilz), gekappt und gesäubert

natives Olivenöl extra

Salz

frisch gemahlener schwarzer Pfeffer

8 EL Butter

2 Schalotten, abgezogen und fein gewürfelt

2 Knoblauchzehen, abgezogen und fein gehackt

1 Fresno-Chili, entkernt und in dünne Ringe geschnitten

2 Zweige frischer Salbei

1 Bund Schnittlauch, fein geschnitten

** Auch Butternuss-, Eichel- oder Kabocha-Kürbis eignen sich.*

ZUBEREITUNG

1. Den Backofen auf 200 °C vorheizen. Das Backblech mit Backpapier auslegen und beiseitestellen.

2. Den **Kürbis** der Länge nach in 2,5 cm dicke Scheiben schneiden. Die Kürbisscheiben in eine Schüssel geben und großzügig mit Salz und Pfeffer würzen. Mit 2 EL Honig und 1 oder 2 EL Olivenöl beträufeln, sodass der Kürbis leicht bedeckt ist. Nach Belieben mit den Chiliflocken bestreuen. Die Kürbisscheiben nebeneinander auf das vorbereitete Backblech legen (nicht übereinander).

3. Die Kürbisscheiben 20–30 Minuten im vorgeheizten Ofen rösten, dabei nach der Hälfte der Garzeit wenden. Aus dem Backofen nehmen und mit dem Weißweinessig und dem restlichen EL Honig beträufeln. Beiseitestellen.

4. Pilze in brauner Butter: Die Pilze in 2,5 cm große Stücke brechen. Mit etwa 2 EL Olivenöl vermengen und mit Salz und Pfeffer würzen. Beiseitestellen. In einer Pfanne 2 EL Butter bei mittlerer Temperatur zerlassen, dann die Schalotten und den Knoblauch hinzufügen und anschwitzen. Die Pilze und die Chilischote in die Pfanne geben und weitere 3–5 Minuten braten, bis die Pilze weich sind und Farbe annehmen. Die Pilzmischung aus der Pfanne nehmen und beiseitestellen.

5. Die Temperatur auf mittlere Stufe herunterregeln. Die übrigen 6 EL Butter und den Salbei in die Pfanne geben. Die Butter unter ständigem Rühren langsam bräunen und mit einem Holzlöffel den Bratensatz vom Pfannenboden lösen. 5–8 Minuten weiter rühren, bis die Butter leicht zu schäumen beginnt. Beiseitestellen und abkühlen lassen. Den Salbei herausnehmen und wegwerfen. Eventuell aufsteigenden weißen Schaum von der Oberfläche abschöpfen.

6. Die Pilze und die Kürbisscheiben in die Pfanne geben und alles gut durchschwenken.

7. Mit Schnittlauchröllchen garnieren – fertig!

HOMINY-BOHNEN-EINTOPF

MIT GERÄUCHERTEM HAXENFLEISCH

ZUTATEN FÜR 6 PERSONEN

250 g Speck, in dicke Streifen geschnitten

1 Zwiebel, abgezogen und fein gewürfelt

2 Möhren, geschält und fein gewürfelt

2 Stangen Staudensellerie, fein gewürfelt

1 Lauch, geputzt und fein gewürfelt

2 Knoblauchzehen, abgezogen und gehackt

60 g Tomatenmark

450 g getrocknete Wachtelbohnen (Pintobohnen), über Nacht eingeweicht und abgetropft

230 g Hominy (Mais) aus der Dose, abgespült und abgetropft

Salz

frisch gemahlener schwarzer Pfeffer

350 ml Rotwein

1 geräucherte Schweinshaxe (Schinkeneisbein)*

1 l Hühnerbrühe

3–4 Zweige Thymian

1 frisches Lorbeerblatt

2–4 EL Apfelessig

Frühlingszwiebeln, in feine Ringe geschnitten

ZUBEREITUNG

1. Einen großen Topf bei mittlerer Temperatur erhitzen. Den Speck hineingeben und auslassen, bis er Farbe annimmt. Zwiebel, Karotten, Sellerie, Lauch und Knoblauch hinzufügen, im ausgelassenen Fett verrühren und 5 Minuten garen, bis alles karamellisiert ist.

2. Das Tomatenmark 2–3 Minuten einrühren und leicht rösten.

3. Die Wachtelbohnen und den Hominy-Mais in den Topf geben. Mit Salz und Pfeffer würzen und gut umrühren.

4. Mit dem Rotwein ablöschen und mit einem Holzlöffel den Bratensatz vom Topfboden lösen. Zum Köcheln bringen und die Flüssigkeit auf die Hälfte einkochen. Die Schweinshaxe in den Topf geben, mit Hühnerbrühe aufgießen, dann die Thymianzweige und das Lorbeerblatt hinzugeben. Den Deckel auflegen und das Ganze 1 Stunde köcheln, bis die Bohnen weich sind und die Flüssigkeit eingedickt ist. Mit Apfelessig abschmecken.

5. Die Haxe aus dem Topf nehmen und auf ein Schneidebrett legen. Sobald sie handwarm abgekühlt ist, das Fleisch vom Knochen lösen und in mundgerechte Stücke schneiden. Die Knochen, das Fett, die Haut und den Knorpel wegwerfen. Das Fleisch zurück in den Topf geben, das Lorbeerblatt und die Thymianzweige herausnehmen.

6. Den Eintopf in Suppenschalen füllen und mit den Frühlingszwiebel-Ringen garnieren. Warm servieren.

** Statt Haxe kann auch 250 g geräucherter Speck verwendet werden.*

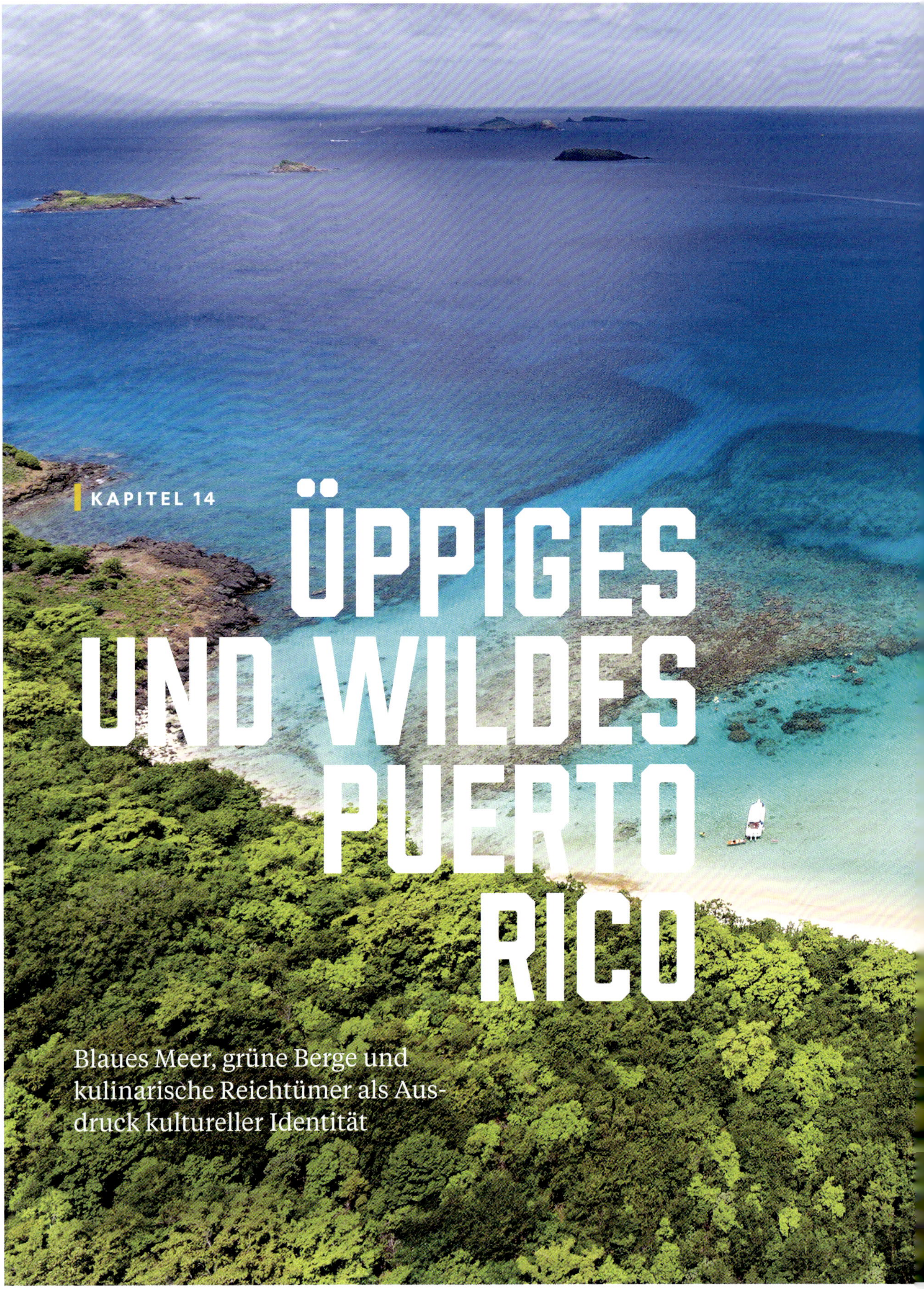

KAPITEL 14

ÜPPIGES UND WILDES PUERTO RICO

Blaues Meer, grüne Berge und kulinarische Reichtümer als Ausdruck kultureller Identität

Weiße Sandstrände und türkisblaues Wasser säumen die malerischen Buchten an Puerto Ricos Küste.

Mitten in der Regenzeit: Gordon und Garnelenfischer Jorge müssen über eine schmale Brücke, um im reißenden Fluss darunter Garnelen zu fangen.

VOM BERGIGEN HINTERLAND bis zur flachen Küste und dem Meer ringsum sind die Möglichkeiten, die Küche der Insel in Szene zu setzen, schier endlos. Doch Puerto Ricos reiche Vielfalt an Zutaten kam nicht immer zur Geltung. Trotz eines Klimas, das den Bauern einen ganzjährlichen Anbau ermöglicht, importiert die Insel 85 Prozent ihrer Lebensmittel. Das scheint sich nun zu ändern: Die Rückbesinnung auf das, was Land und Meer hergeben, hat eine Selbstversorger-Bewegung in Gang gesetzt, angeführt von Start-ups, die mithelfen, eine neue kulinarische Identität zu schaffen. Puerto Rico war mehr als 400 Jahre lang spanische Kolonie, wo einheimische landwirtschaftliche Traditionen verdrängt wurden durch Zuckerrohr- und Kaffeeplantagen, durch Produkte, die zumeist nach Europa verschifft wurden. Da so immer weniger Menschen ihr Land nach traditionellen Methoden bewirtschaften konnten, wurden immer mehr Lebensmittel importiert, und die Erntemengen traditionell puerto-ricanischer Produkte waren zu gering, um die Bevölkerung zu ernähren. In der Kolonialzeit waren die Menschen zur Arbeit im Dienste der Kolonisatoren gezwungen, ohne Chance auf eigenes Unternehmertum.

Tampico Beach in Culebra.

KURZ-INFO

ORT

In Puerto Rico tut sich was – eine neue Bewegung hin zu mehr Ernährungssouveränität beflügelt die lokale Küche und Landwirtschaft.

GEOGRAFIE

Die Hauptinsel von Puerto Rico bietet Regenwälder, tropische Trockenwälder, Flüsse und Wasserfälle in verschwenderischer Pracht!

FOOD FACT

Sancocho ist ein traditionelles Gericht in fast allen lateinamerikanischen Küchen. Nationalgericht ist es in Puerto Rico und der Dominikanischen Republik.

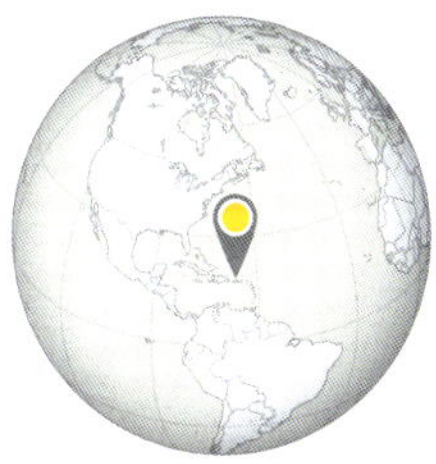

Die Rückbesinnung auf das, was Land und Meer hergeben, hat eine Selbstversorger-Bewegung in Gang gesetzt.

1873 wurde die Sklaverei in Puerto Rico abgeschafft, und das Land wurde 1917 Territorium der USA. Heute, ein Jahrhundert später, arbeitet Puerto Rico immer noch daran, sein Lebensmittelsystem neu zu erfinden und zu seinen Wurzeln zurückzukehren. »Wenn du aufhörst zu importieren, schaffst du Arbeitsplätze«, sagt Chefkoch José Enrique, als wir am traumhaften Flamenco Beach auf der kleinen Insel Culebra köstliche Snapper-Ceviche zubereiten. José Enrique, gebürtiger Puerto-Ricaner und Inhaber des gleichnamigen Restaurants in San Juan, legt großen Wert auf Nachhaltigkeit und nutzt, was Land und Meer bieten. »Das weckt Leidenschaft fürs eigene Land, um die Dinge mit Stolz wieder selbst in die Hand zu nehmen. Nach Hurrikan Maria kehrt die lokale Landwirtschaft mit aller Macht zurück«, sagt er.

Unweit von Puerto Ricos Hauptstadt San Juan entfernt, erreicht der Atlantische Ozean seinen tiefsten Punkt, und einige der begehrtesten Meeresfrüchte sind vor den Küsten der Insel leicht zugänglich. Da Puerto Rico keine große Fischerei-Industrie hat, fahren Fischer in kleinen Booten hinaus und liefern den Großteil lokaler Meeresfrüchte, wie ich beim Speerfischen in den wunderschönen Gewässern vor Culebra lerne. Die einheimischen Fischer profitieren von der reichen Vielfalt des Meereslebens. Hochseefische wie Thunfisch, Wahoo und Mahi-Mahi (Goldmakrele) gibt es das ganze Jahr hindurch zuhauf. In den Ökosystemen der Seegraswiesen und Riffen vor der Küste tummeln sich Meeresschnecken, Tintenfische und Garnelen. Auch winzige, durchsichtige Fische namens *cetí*, die von Hochsommer bis Dezember in Flüssen und Mündungen leben, sind begehrte Delikatessen.

Die Gebirgsflüsse im Landesinneren sind idealer Lebensraum für die *chágara*, flusskrebsähnliche Süßwassergarnelen. Die kleinen essbaren Krustentiere sind nur etwa 5 cm lang und leben in flussnahen Teichen und Stromschnellen. In aquatischen Ökosystemen spielen sie eine wichtige Rolle, sind Teil der Nahrungskette und an der Zersetzung von organischem Material aus Pflanzen beteiligt. Sich aufrecht im Fluss zu halten, ein kleines Netz in der Hand, während man Flusssteine anhebt, um die Garnelen

REISE-EINMALEINS

DIE FRÜCHTE DER LOKALEN ARBEIT

Eine der Freuden des Reisens ist es, ein tieferes Gefühl für einen Ort zu bekommen, indem man lokale Speisen direkt vor Ort genießt (die immer ganz anders schmecken als mit den gleichen Zutaten daheim). Puerto Rico hat einige fantastische lokale Produkte zu bieten, großartige Früchte etwa, die mit ihrem naturreinen Aroma – von Tamarinden bis Chironja – ein Hochgenuss sind. Auch flüssige Geschmacksjuwelen gibt es zuhauf. Auf dem Vulkanboden gedeiht köstlicher, sortenreiner Kaffee, und die Tradition der Rumherstellung reicht Jahrhunderte zurück, bis in die Zeit der großen Zuckerrohrplantagen. Und obendrein erlebt die Braukunst mit Craftbeer gerade einen echten Boom.

DIE NATUR RUFT

Von Leguanen bis *chágaras* (Flussgarnelen) – die vielfältige Tierwelt von Puerto Rico ist unfassbar schön!

SCHLAGLICHT

ZU BESUCH BEI DRACO ROSA

Als Teenager wurde Draco Rosa mit der Boyband Menudo international berühmt und war auch als Solokünstler erfolgreich sowie als Co-Autor und Produzent von Songs für Bandmitglied und Freund Ricky Martin. 2011 wurde bei Draco das Non-Hodgkin-Lymphom diagnostiziert, und er durchlief zwei Stammzelltransplantationen. Seine Heilung nach der Krebstherapie schreibt er seiner Ernährungsumstellung zu und dem Rückzug in ein neues Leben im Monte Sagrado Reserve. 2018, ein Jahrzehnt nach seiner letzten Studioaufnahme, veröffentlichte er sein Album *Monte Sagrado*, das im Jahr darauf mit dem Latin Grammy Award ausgezeichnet wurde.

Dracos Monte Sagrado Reserve in den Bergen von Utuado ist eine 40 Hektar große Kaffeeplantage und ein Eco-Resort. Hier, auf über 610 m Höhe, herrschen ideale Temperaturen für den Kaffeeanbau. Die Bio-Arabica-Bohnen werden auf dem Höhepunkt ihrer Reife geerntet, in der Sonne getrocknet und geröstet. So entsteht ein köstlicher Kaffee, der den Duft und Geschmack der Gegend aufnimmt. Draco scheint den perfekten Ort gefunden zu haben, um aus der »Copa de la Vida« zu genießen, die Gesundheit zu feiern und ganz im Moment zu leben.

Draco Rosa zeigt Gordon, wie man die Haut und das Fruchtfleisch von den Bohnen löst.

MOROVIS

freizulegen, ist gar nicht so leicht. Beim Fischen während der Regenzeit ist besondere Vorsicht geboten, vor allem in tiefen Tälern, wo schlagartige Regenfälle die Flüsse in reißende Ströme verwandeln und jederzeit mit Überflutungen zu rechnen ist.

Nachhaltige Landwirtschaft fördert den regionalen Anbau, die lokale Wirtschaft und auch die Ernährungssouveränität. Durch die historisch bedingte Abhängigkeit von Lebensmittelimporten ist Puerto Rico nach Katastrophenereignissen schnell von externen Lieferquellen abgeschnitten, wie 2017 deutlich wurde, als Hurrikan Maria die Insel traf und auch die Häfen so schwer beschädigte, dass keine Schiffe mehr anlanden konnten. Heute setzen die Bauern vermehrt auf ökologische Landwirtschaft mit traditionellen Anbaumethoden und produzieren Okra oder Maniok. Dadurch erholt sich die Landwirtschaft nach Naturkatastrophen oft sehr viel schneller, und die Ernährung der Bevölkerung wird sicherer.

TIERISCHE ZUGKRAFT
Flyan (Mitte) und Solay (rechts) führen die Kraft ihrer riesigen Ochsen Hosco und Caramero vor, während sie ein Feld zur Bepflanzung vorbereiten.

Viandas (stärkehaltiges Wurzelgemüse) und Knollen wie *yuca* (Maniok), *batata* (Süßkartoffel), *ñame* (Yam) und *yautía* (Taro) sind fester Teil der puerto-ricanischen Küche und Kultur. *Yuca* war einst Grundnahrungsmittel der indigenen Taíno-Bevölkerung. Gekochte *yuca* wird mit *escabeche* (Öl-Essig-Mischung) oder einer knoblauchhaltigen Citrus-Mojo-Marinade vermischt oder aber zusammen mit anderen Wurzelgemüsen einem deftigen *sancocho* (Rindfleischeintopf) beigefügt.

Tropische Früchte gibt es in Puerto Rico im Überfluss. Zu den bekanntesten zählen Mango, Papaya, Limette und Tamarinde, doch auch weniger bekannte Früchte sind ein echtes Geschmackserlebnis. José machte mich mit der *chironja* bekannt, einer Kreuzung aus Grapefruit und Apfelsine. Außerdem gibt es die *quenepa*, auch spanische Limette genannt, mit einem süß-säuerlichen, gelblichen Fruchtfleisch in einer festen grünen Schale. Die *caimito* (Sternapfel) ist eine violett- oder grünschalige Frucht mit saftig-süßem, weißem Fruchtfleisch. Quer aufgeschnitten, zeigt sich die Form eines Sterns.

Auch Kaffee hat hier eine lange Tradition, beginnend mit seiner Einführung 1736, als die Insel noch spanische Kolonie war. Vulkanböden, gepaart mit Schattenanbau in Höhen von bis zu 1070 m ü. M., erzeugen feinste Aromen, insbesondere im beschaulichen Monte Sagrado Reserve. Hier baut auch Draco Rosa, Mitglied der 1980er-Jahre-Boyband Menudo, seinen Kaffee an, wenn er nicht gerade nebenan im Tonstudio ist. Die Bewegung für eine zukunftsfähige Öko-Landwirtschaft ist auch im Kaffee-Anbau angekommen. Puerto Rico hat Mühe, genug Kaffee zu produzieren, um den heimischen Bedarf zu decken, und ist auf Importe angewiesen, um die Differenz auszugleichen. Aber immer mehr Landwirte wie Draco setzen auf sortenreinen Kaffee von feinster Bio-Qualität. Denn nur der hat Zukunft, davon sind sie überzeugt.

Der Glaube an sich selbst hat die Küche von Puerto Rico geprägt. Der Wandel zu einer Neuerfindung des Lebensmittelsystems und einer bäuerlich-ökologischen Landwirtschaft mag auf das Trauma verheerender Naturkatastrophen zurückzuführen sein, doch es ist inspirierend zu sehen, mit wie viel Stolz die Menschen hier auf nachhaltige Anbausysteme setzen, Land kultivieren und Fischfang betreiben. Puerto Rico, mit seinem Mix aus Tradition und Innovation, ist auf einem guten Weg.

INSIDERWISSEN

ERFOLG SELBST GEMACHT

Als Kind verbrachte José Enrique viel Zeit in der Küche seiner Großmutter, die für die ganze Familie kochte, was ihn dazu inspirierte, Koch zu werden. Nach seinem Abschluss am Culinary Institute of America und Stationen in New York, Florida und Louisiana kehrte er in seine Heimat Puerto Rico zurück. 2007 eröffnete er sein erstes eigenes Restaurant, das ihn an die Spitze katapultierte. José ist inzwischen der meist ausgezeichnete Chefkoch in ganz Puerto Rico und genießt den allerbesten Ruf. Seit 2013 war er mehrfach für den James Beard Award nominiert und stand bereits dreimal im Halbfinale.

Gut gemacht! José Enrique und Gordon nach ihrem großen Kochduell direkt am Strand.

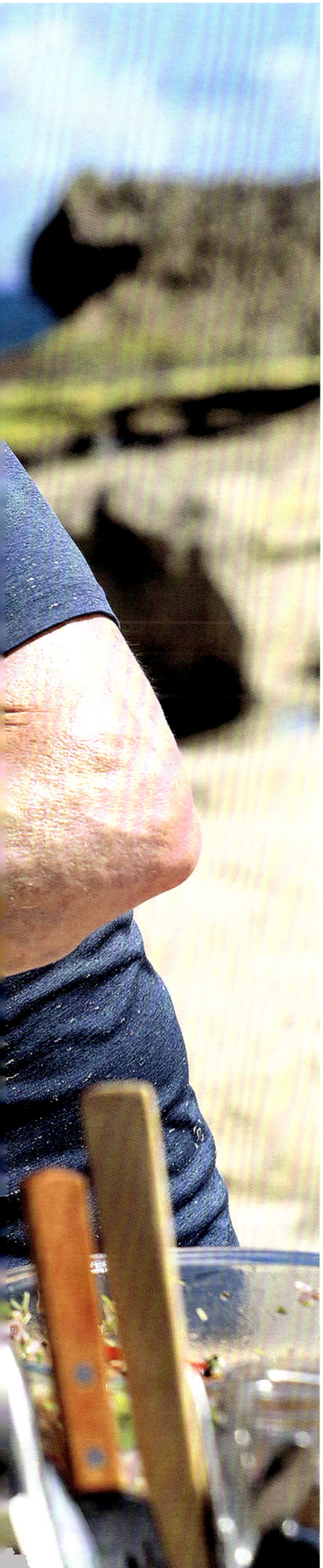

RED SNAPPER CEVICHE

MIT AVOCADO

ZUTATEN FÜR 2 PERSONEN

1 rote Zwiebel (etwa 35 g), abgezogen und fein gewürfelt

1 Knoblauchzehe, abgezogen und fein gehackt

Abrieb und Saft von 2 unbehandelten Limetten

Abrieb und Saft von 1 unbehandelten Orange

100 g Mango, gewürfelt

230 g frischer Red Snapper, ohne Haut, in Würfel geschnitten (etwa 0,5 cm groß)

Salz

1 EL Olivenöl extra vergine

1 Avocado, entkernt und klein gewürfelt

2 EL frischer Koriander, fein gehackt, plus mehr zum Garnieren

ZUBEREITUNG

1. In einer mittelgroßen Schüssel Zwiebel, Knoblauch, Abrieb und Saft von Limette und Orange, Mango und Red Snapper vermengen. Salzen, vorsichtig durchschwenken und 20–30 Minuten kalt stellen.

2. Vor dem Servieren das Olivenöl, die Avocado und den Koriander vorsichtig unterheben. Die Ceviche entweder solo oder mit Kochbananen oder Tortilla-Chips servieren.

KAFFEE-GEWÜRZTE SCHWEINESCHULTER

MIT SÜSSKARTOFFEL UND YUCA

ZUTATEN FÜR 4 PERSONEN

KAFFEE-GEWÜRZTE SCHWEINESCHULTER

2 TL gemahlener Kreuzkümmel

2 TL mildes Paprikapulver

1 EL Salz

1 EL Kaffee, fein gemahlen

1 EL Zucker

½ TL Chiliflocken, nach Belieben mehr

2 TL Annatto-Samen, fein gemahlen*

1,5 kg Schweineschulter (am Stück, ohne Knochen)

Olivenöl extra vergine

SÜSSKARTOFFEL UND YUCA

1 rote Zwiebel, abgezogen und grob gewürfelt

1 Sternanis

3 Knoblauchzehen, abgezogen und zerdrückt

Salz

1 Süßkartoffel, geschält und in Würfel geschnitten (à 2,5 cm)

1 Yuca, geschält und in Würfel geschnitten (à 2,5 cm)

240 ml dunkler Rum

750–950 ml Hühnerbrühe

ZUBEREITUNG

1. In einer kleinen Schüssel Kreuzkümmel, Paprika, Salz, Kaffee, Zucker, Chiliflocken und Annatto zu einer Gewürzmischung vermengen.

2. Die **Schweineschulter** gleichmäßig mit den Händen mit der Gewürzmischung einreiben. Beiseitestellen und mindestens 30 Minuten lang bei Raumtemperatur marinieren.

3. Die Schweineschulter mit Olivenöl beträufeln. Einen großen Schmortopf bei hoher Temperatur erhitzen und die Schweineschulter darin rundum anbraten, bis sie goldbraun karamellisiert. Aus dem Topf nehmen und beiseitestellen.

4. Für die **Süßkartoffel und Yuca** die Zwiebel, den Sternanis und den Knoblauch in den Schmortopf geben. Salzen und 7–10 Minuten garen, bis alle Zutaten zu karamellisieren beginnen und der Anis aromatisch duftet. Die Süßkartoffel und die Yuca hinzugeben und weitere 5 Minuten bräunen. Mit Rum ablöschen, den Bratensatz mit einem Holzlöffel vom Topfboden lösen und köcheln, bis der Rum auf die Hälfte reduziert ist.

5. Die Schweineschulter zurück in den Schmortopf geben und die Hühnerbrühe bis auf halbe Höhe zum Fleisch angießen. Zum Kochen bringen, den Deckel auflegen und bei niedriger Temperatur 2 Stunden leicht köcheln, bis das Fleisch butterweich ist (Gabelprobe). Das Gemüse mit einem Schaumlöffel herausnehmen.

6. Das Fleisch aus dem Schmortopf nehmen, auf einen großen Teller oder ein Schneidebrett legen und mithilfe zweier Gabeln das Fleisch in große Stücke reißen.

7. Die im Topf verbliebene Flüssigkeit auf die Hälfte zu einer sämigen Sauce einkochen.

8. Zum Servieren das Fleisch und das Gemüse auf einer Platte anrichten und mit der Sauce beträufeln.

** Die Annatto-Samen lassen sich durch 2 TL Achiote-Paste ersetzen.*

RED SNAPPER VOM GRILL

MIT PUERTO-RICANISCH INSPIRIERTER MOJO ROJO

ZUTATEN FÜR 4 PERSONEN

PUERTO-RICANISCH INSPIRIERTE MOJO ROJO

1–2 EL Olivenöl extra vergine, plus 150 ml mehr

1 Zwiebel, abgezogen und gehackt

Salz

300 g Kirschtomaten

2 Knoblauchzehen, abgezogen und zerdrückt

2 Paprikaschoten, entkernt, gebraten und gehackt

1 Scotch-Bonnet-Chili, entkernt und fein gehackt

240 ml Gemüsebrühe

Saft von 1 Zitrone

GEGRILLTER RED SNAPPER

1 ganzer Red Snapper (etwa 1,5 kg), ausgenommen, geschuppt und gesäubert*

Salz

4 Knoblauchzehen, abgezogen und in Scheiben geschnitten

1 Zitrone, in 0,5 cm dicke Scheiben geschnitten

½ Zwiebel, in 0,5 cm dicke Scheiben geschnitten

Olivenöl extra vergine

GEMÜSEBEILAGE

2–3 kleine japanische Auberginen, in 0,5 cm dicke Scheiben geschnitten

Olivenöl extra vergine

Salz

frisch gemahlener schwarzer Pfeffer

2 rote Paprikaschoten, entkernt und in Streifen geschnitten (1,2 cm breit)

½ Zwiebel, in 0,5 cm dicke Scheiben geschnitten

5 Frühlingszwiebeln, Wurzeln abgeschnitten

Saft von ½ Zitrone plus 1 Zitrone, in Spalten geschnitten

ZUBEREITUNG

1. Für **Mojo Rojo** in einer großen Bratpfanne 1 bis 2 EL Olivenöl bei mittlerer Temperatur erhitzen und die Zwiebel darin glasig anschwitzen. Etwas Salz, die Kirschtomaten und den Knoblauch hinzugeben und garen, bis die Tomaten blasig werden und leicht zerfallen. Die Paprikaschoten und die Chilischote hinzufügen und weitere 5 Minuten garen.

2. Die Gemüsebrühe hinzugeben und weitere 5–7 Minuten köcheln, bis die Flüssigkeit leicht eingekocht ist. Die Pfanne vom Herd nehmen und die Gemüsemischung abkühlen lassen, dann in einen Mixer geben und auf höchster Stufe glatt pürieren, dabei das restliche Olivenöl (150 ml) langsam eingießen. Den Zitronensaft hinzugeben und beiseitestellen.

3. Einen Grill auf 200 °C vorheizen. Den **Red Snapper** gründlich abwaschen und mit Küchenpapier trocken tupfen. Auf beiden Seiten des Fischs im Abstand von 2 cm flache Einschnitte machen. Den Fisch mit Salz einreiben und auch das Innere des Schnappers würzen. Den Knoblauch, die Zitronenscheiben und die Zwiebelscheiben in das Innere füllen.

4. Den Fisch mit Olivenöl beträufeln, vorsichtig auf den vorgeheizten Grillrost legen und 10–12 Minuten garen. Den Fisch vorsichtig wenden, dann mit einem Teil der Mojo Rojo bestreichen und weitere 10–12 Minuten garen.

5. Für die **Gemüsebeilage** die Auberginen in eine mittelgroße Schüssel geben, mit reichlich Olivenöl beträufeln und großzügig mit Salz und Pfeffer würzen. Eine Bratpfanne auf hohe Temperatur erhitzen und die Auberginen goldbraun braten, dabei einmal wenden. Aus der Pfanne nehmen, in eine mittelgroße Schüssel geben und beiseitestellen. Einen Schuss Olivenöl in die Pfanne geben und die Paprikastreifen zusammen mit den Zwiebelringen darin braten, bis die Paprikaschoten blasig und weich sind. Das angebratene Gemüse in die Schüssel zu den Auberginen geben. Gut durchmischen.

6. In der gleichen Pfanne die Frühlingszwiebeln braten und zum anderen Gemüse in die Schüssel geben. Die halbe Zitrone über dem Gemüse auspressen und abschmecken.

7. Zum Servieren den gegrillten Snapper mit dem gebratenen Gemüse auf einer Platte anrichten. Mit der restlichen Mojo Rojo und den Zitronenspalten servieren.

** Falls kein großer Red Snapper zu bekommen ist, können zwei kleinere (à 500 g bis 1 kg) verwendet werden.*

KAPITEL 15

»HOLY MOLE« MEXIKO

Mexikos legendäre Region Oaxaca kultiviert ihre indigenen kulinarischen Traditionen und einheimische Aromen

Mole-Rezepte variieren von Ort zu Ort, doch viele beginnen mit Schokolade.

Landschaft nahe Totontepec Villa de Morelos, einem kleinen Dorf nordöstlich von Oaxaca-Stadt.

OAXACA IST DIE KULINARISCHE Hauptstadt Mexikos. Hier lebt der größte Anteil an indigenen Völkern, deren kulturelles Erbe Tausende Jahre zurückreicht. Diese vorspanischen Gemeinschaften haben nachfolgende Generationen überdauert und sind bis heute stolz auf ihre kulturellen Wurzeln, die die Region geprägt haben – von der Verwendung traditioneller Zutaten bis hin zur Anwendung uralter Kochtechniken. Von den 68 anerkannten indigenen Gruppen Mexikos leben 16 in Oaxaca – und einige von ihnen blieben gänzlich unberührt von den europäischen Einflüssen, die ihren Weg in die mexikanische Küche fanden. Wechselnde Mikroklimata und eine reiche Artenvielfalt sind ideal für Wildkräuter und Wildpflanzen – Grundzutaten für alle, die in die Fußstapfen ihrer Ahnen treten. Die indigenen Völker waren äußerst kreativ und verwerteten sämtliche Teile einer Pflanze, um ihre wertvollen Proteine zu nutzen. So kennt die Küche der Region viele Gerichte, die auf Chilis, Mais, Gemüse und Kräutern

Mezcal wird aus der Agave hergestellt und hat einen unverwechselbaren rauchig-süßen Geschmack.

KURZ-INFO

ORT

Das »Land der sieben Moles« bietet spannende kulinarische Traditionen und macht Oaxaca zu einem meiner Lieblingsreiseziele.

GEOGRAFIE

Oaxaca ist die fünftgrößte Region Mexikos und grenzt im Süden an den Pazifischen Ozean.

FOOD FACT

Jede Mole ist einzigartig – regionale Aromen und Familienrezepte geben jeder Mole ihre ganz besondere Geschmacksnote.

Oaxaca hat eine vielgestaltige Geografie – zerklüftete Landschaften, Schluchten, Höhlen, steile Dschungelwände.

basieren, die nur in einem bestimmten Gebiet von Oaxaca zu finden sind. All dies erschafft eine wunderbare kulinarische Welt mit Farben, Düften und Aromen wie sonst nirgendwo.

Oaxaca hat eine vielgestaltige Geografie – zerklüftete Landschaften, Schluchten, Höhlen, steile Dschungelwände. »Jeder in Mexiko ist stolz auf Oaxaca«, erzählt mir Chefköchin Gabriela Cámara, als wir uns in einer Outdoor-Küche treffen, um Kakao zu rösten und zu mahlen. Sie zählt zu den renommiertesten Köchinnen Mexikos und zeigt mir von Anfang an, dass die mexikanische Küche weit mehr ist als simpel und rustikal, wie viele meinen. »Oaxaca ist kulturell enorm vielfältig, und das Essen ebenfalls«, sagt Gabriela.

Ob würzig oder süß, Mole ist so vielfältig wie Oaxaca selbst. Die Region wird auch »das Land der sieben Mole« genannt, und während die schokoladige Mole Negro wohl die berühmteste Variante der Sauce ist, sind die anderen sechs – Amarillo, Chichilo, Coloradito, Manchamanteles, Rojo und Verde – nicht minder beliebt. Aber natürlich gibt es weit mehr als sieben Varianten dieses prä-hispanischen Rezepts, das auf getrockneten oder frischen Chilis basiert, die es in Oaxaca reichlich gibt. Keine zwei Mole sind gleich, es gibt viele regionale Variationen mit Dutzenden von Zutaten. Mole ist aufwendig und schwierig zu kochen und kommt vor allem zu festlichen Anlässen auf den Tisch.

Mole ist eine reichhaltige komplexe Sauce aus Chilischoten, verschiedenen Nüssen und Samen, Gewürzen und anderen Zutaten wie Schokolade und Trockenfrüchten, die allesamt vermahlen und dann mit einem eiweißhaltigen *antojito* (Snack oder Vorspeise) serviert werden. Durch das Vermahlen der Zutaten auf einem *metate* (Mahlstein), den Rauch vom *comal* (flache Grillplatte) und die Hitze des Feuers verschmelzen die Zutaten ineinander – und keine sticht hervor. Da es so viele Arten von Mole gibt, hat jede ihre ganz eigene Geschmacksnote. Oaxaca ist eher das Land der zig-tausend Mole!

Mais ist die Quelle des Lebens in Oaxaca. Damit die Menschen immer frisch gemahlenen Mais zu Hause haben, gibt es sowohl in der Stadt als auch auf dem Land Gemeinschaftsmühlen. Viele mahlen ihren Mais auch zu Hause auf dem eigenen *metate*, formen daraus *masa* (Maisbrei), der als dünner Fladen auf einem *comal* gegart wird. Kleine, dicke Tortillas werden für

REISE-EINMALEINS

SONNENUNTERGANG MIT AUSSICHT

Das Essen in Oaxaca ist außergewöhnlich und schon allein deshalb eine längere Reise wert. In den ländlichen Gebieten wird oft noch traditionell über Holzfeuer in Tongefäßen gekocht. Einer meiner Lieblingsorte, um den Tag ausklingen zu lassen, ist das Pitiona im Herzen von Oaxaca-Stadt. Von der Dachterrasse aus, bei einem guten Drink oder Snack, genieße ich den Sonnenuntergang mit Blick auf den zentralen Platz, der von Cafés gesäumt und an einer Seite begrenzt ist vom Templo de Santo Domingo de Guzmán. Wunderschön!

IM DETAIL

Im Uhrzeigersinn von oben links: *Gusano* (Würmer) sind gute Proteinquellen; Gordon sucht nach Honigameisen; Hauptbestandteil des Mezcal ist Agave.

Gordon bei der Zubereitung von Mole.

SCHLAGLICHT

ZU BESUCH BEI CHEFKOCH JORGE LEÓN

Seit er vierzehn ist, kocht Jorge León jeden Tag Mole, mit dem Ziel, diese Kunst eines Tages perfekt zu beherrschen. Seine Besessenheit ist verständlich, wo er doch hier in Oaxaca aufgewachsen ist – erst im Dorf Santo Domingo Nundó, später dann in der kleinen Stadt San Juan Bautista la Raya. Während seiner Lehre in den Küchen von Oaxaca und Mexiko-Stadt bekam er seinen Spitznamen »El Mole«. Danach kehrte er in seine Heimat zurück und eröffnete das Alfonsina auf dem ländlichen Anwesen seiner Familie. Hier verkauft seine Mutter Elvia León Hernández seit 15 Jahren schon hausgemachte Tortillas und *comida corrida* (ein preiswertes Tagesessen).

Das Alfonsina kombiniert beides – hausgemachte *comida corrida* und schmackhafte Menüs, inspiriert von saisonalen Zutaten frisch vom Markt. Jorge konzentriert sich auf alte Sorten traditioneller Produkte aus den verschiedenen mikroklimatischen Regionen Oaxacas, die heute durch den leichten Zugang zu billigeren industriell verarbeiteten Produkten schnell verdrängt oder ersetzt werden. Der Familienbetrieb der Leóns will zurück zu den Wurzeln der Oaxaca-Kultur und alte kulinarische Traditionen durch neue geschmackliche Interpretation lebendig halten.

Oben: Elvia León Hernández, die Mutter von Chefkoch Jorge León, erklärt Gordon, wie man Tortillas macht. Unten: Jorge und Gordon beim Rösten von Chilisamen, im offenen Feuer auf einem *comal*.

Keine zwei Mole sind gleich. Es gibt viele Variationen mit Dutzenden von Zutaten.

memelas verwendet (frittierte oder geröstete *masa*-Kuchen) ähnlich wie *sopes* (Tortillas mit Gemüse und Fleischgarnitur). Tellergroße Scheiben werden als *tlayudas* (Maistortillas) mit Bohnenpüree oder anderen Zutaten belegt. Es gibt alle möglichen Größen mit allen möglichen Zutaten.

Da die Mesoamerikaner einst kreativ und einfallsreich sein mussten, um zu überleben, finden sich in der Küche Oaxacas proteinreiche Insekten – von Heuschrecken über Würmer und Wespenlarven bis hin zu Honigameisen. Diese wilden, nachhaltigen Zutaten können in freier Natur gesammelt oder auf Märkten gefunden werden, entweder pur oder getrocknet. Zu wissen, wann und wo man diese Insekten sammelt, war früher überlebenswichtig. Ich habe keine große Erfahrung mit Würmern, doch selbst wenn ich sie auf einem *comal* gare, anstatt sie roh zu verzehren, sind sie nicht mein Fall. Heute finden sich lokale Delikatessen wie *chapulines* (Heuschrecken) in Tacos und Quesadillas ebenso wie im Angebot trendiger Snack-Bars. *Chicatanas* (Blattschneiderameisen) werden immer nach der Regenzeit gesammelt, auf einem *comal* geröstet und zu *salsa chicatana* verarbeitet. Auch *escamoles* (Ameisenlarven) werden geröstet in Tortillas oder mit Rührei serviert.

KULTURELLES ERBE
Die historischen Straßen von Oaxaca leeren sich am späten Nachmittag.

Tequila kann aus nur einer einzigen Agavenart (*Agave tequilana*, blaue Weber-Sorte) hergestellt werden und wird nur in lizenzierten Regionen produziert. Mezcal hingegen kann aus über 30 Agavensorten destilliert werden. Einst als schlechter Ersatz für Tequila angesehen, sind Mezcal-Spirituosen heute der größte Wirtschaftszweig Oaxacas. Eine Agave ist erst nach zehn Jahren erntereif. Dann werden die stacheligen, fleischigen Blätter (*pencas*) abgeschlagen, um an die *piña* zu kommen – das Herz der Agave, das einer Ananas gleicht. Traditioneller Mezcal wird unter Zugabe einheimischer Hefen hergestellt, in irdenen Gruben gekocht, die mit Lavasteinen ausgekleidet sowie mit Holz und Holzkohle gefüllt sind, ehe er in Tontöpfen destilliert wird und seine rauchige Note erhält. Die *piña* wird zerkleinert und zerdrückt, um den Saft zu extrahieren, der dann fermentiert und in Kupfer-, Ton- oder Edelstahl-Brennblasen destilliert wird.

Mezcal wird meist in Handarbeit destilliert, oft nach alten Familienrezepten, die den Geschmack ganzer Generationen von *mezcaleros* sowie die Kultur ihrer Gemeinschaft widerspiegeln. Mezcal bietet eine breite Palette an Aromen, je nach Art des Bodens, auf dem die Agave gewachsen ist – von erdig bis blumig, von herb bis pfeffrig oder mineralisch. Da es Jahre dauert, bis eine Agave erntereif ist, wird Mezcal meist von kleinen lokalen Brennereien produziert. Mezcal hat einen kulturellen Aspekt, ist fest verbunden mit Bräuchen und Feierlichkeiten und wirtschaftliche Grundlage für alle, die sich der Mezcal-Produktion verschrieben haben.

Oaxaca hat mir die Augen geöffnet, und ich weiß jetzt, warum die Region als unbestrittene kulinarische Hauptstadt Mexikos gilt. Definitiv eine Reise wert!

INSIDERWISSEN

APPETIT AUF GUTE AROMEN

Im Jahr 1998 eröffnete Chefköchin Gabriela Cámara das Contramar in Mexiko-Stadt, um die Atmosphäre der Strandlokale, die sie als Kind so liebte, wieder aufleben zu lassen. Heute ist sie international renommiert, Inhaberin von vier Restaurants (Contramar, Entremar, Caracol de Mar, Itacate del Mar) und Mitglied von Mexikos »Council of Cultural Diplomacy«. »Mein roter Faden ist der, dass ich jeden Teil meiner Arbeit wichtig nehme«, sagt Gabriela. »Jede Zutat wähle ich sorgfältig aus. Verwende sie sorgfältig weiter. Und präsentiere sie sorgfältig. Das ist mir wirklich wichtig.«

Chefköchin Gabriela Cámara

GESCHMORTES SCHWEINEFLEISCH UND MIT MOLE GEFÜLLTE CHILES RELLENOS

ZUTATEN FÜR 10 PERSONEN

GESCHMORTES SCHWEINEFLEISCH

1 kg Schweineschulter (ohne Knochen)

Salz

frisch gemahlener schwarzer Pfeffer

Pflanzenöl

1 Zwiebel, gewürfelt (à 0,5 cm)

1 Stange Sellerie, gewürfelt (à 0,5 cm)

3 Knoblauchzehen, abgezogen und zerdrückt

2 Roma-Tomaten, geviertelt

2 Zweige Thymian

1 EL mexikanischer Oregano

240 ml mexikanisches Lagerbier

120 ml Mezcal (nach Belieben)

1 l Hühnerbrühe

500 g Mole Coloradito (Rezept s. nächste Doppelseite)

100 g Oaxaca-Käse, gerieben

CHILES RELLENOS

10 Poblano-Paprikaschoten

6 Eier, Eigelb und Eiweiß getrennt

Salz

300 g Weizenmehl Type 405

Pflanzenöl-Mischung*

50 g Queso Fresco, zerbröckelt

frischer Koriander, gehackt

ZUBEREITUNG

1. Für die **geschmorte Schweineschulter** das Fleisch großzügig mit Salz und Pfeffer würzen und bei Raumtemperatur 30 Minuten ruhen lassen. Einen Schmortopf erhitzen, dann einen großen Spritzer Öl hineingeben und die Schweineschulter darin rundum goldbraun anbraten. Herausnehmen und beiseitestellen.

2. Die Zwiebel, den Sellerie und den Knoblauch in den Schmortopf geben und 3–5 Minuten anschwitzen, bis alles weich karamellisiert. Die Tomaten hineingeben und weitere 3 Minuten garen, bis sie leicht blasig werden.

3. Die Schweineschulter zurück in den Schmortopf geben und Thymian und Oregano hinzufügen. Mit dem Lagerbier und dem Mezcal (nach Belieben) aufgießen, das Ganze zum Kochen bringen und köcheln, bis die Flüssigkeit auf die Hälfte eingekocht ist. Mit der Hühnerbrühe aufgießen und zum Kochen bringen. Den Deckel auflegen und 2 Stunden köcheln, bis das Fleisch zart ist, dann den Topf vom Herd nehmen.

4. Sobald die Schweineschulter handwarm abgekühlt ist, auf ein großes Schneidebrett legen, in mundgerechte Stücke reißen (Pulled Pork) und in eine große Schüssel geben. Die Mole Coloradito hinzufügen und durchschwenken, bis das Fleisch rundum überzogen ist. Den Käse unterrühren.

5. Für die **Chiles rellenos** die Paprikaschoten unter häufigem Wenden 20–30 Minuten auf dem Grill über offener Flamme garen, bis sie eine braunschwarze Farbe annehmen und die Haut Blasen wirft. Die gegrillten Paprikaschoten in eine Schüssel geben und mit Plastikfolie abdecken. Sobald die Paprikaschoten handwarm abgekühlt sind, die schwarze Haut entfernen. Den oberen Deckel bei jeder Paprikaschote abschneiden, die Kerne herausschaben und wegwerfen.

6. Die Paprikaschoten jeweils mit dem Pulled Pork füllen, bis zum Rand, aber nicht darüber hinaus.

7. In einer mittelgroßen Schüssel die Eigelbe glatt rühren und salzen. Die Eiweiße in einer separaten Schüssel zu Schnee steif schlagen und das Eigelb dann vorsichtig unterheben. In einer separaten flachen Schale das Mehl und 1 TL Salz vermengen.

8. Eine große Pfanne bei mittlerer Temperatur erhitzen und das Pflanzenöl etwa 1,5 cm hoch einfüllen. Ein Backblech mit Küchenpapier auslegen.

9. Die Paprikaschoten einzeln vorsichtig in der Mehl-Salz-Mischung wälzen, bis sie ummantelt sind (überschüssiges Mehl abschütteln), und anschließend in die Eiermasse tauchen.

10. Die Paprikaschoten in das heiße Öl geben und 7–10 Minuten goldbraun frittieren. Auf dem Backblech mit Küchenpapier abtropfen lassen.

11. Zum Servieren die Mole Coloradito auf einen Teller löffeln und mit Chiles rellenos anrichten. Mit Frischkäse und frischem Koriander garnieren.

** Für ein schmackhaftes Öl mit höherem Rauchpunkt 75 Prozent Olivenöl mit 25 Prozent neutralem Pflanzenöl mischen.*

MOLE COLORADITO

ZUTATEN FÜR 2 SCHALEN

3 Roma-Tomaten

2 EL Pflanzenöl

Salz

3 getrocknete Ancho-Chilischoten, entkernt und entstielt

2 getrocknete Guajillo-Chilischoten, entkernt und entstielt

50 g Sesamsaat

5 schwarze Pfefferkörner

4 Gewürznelken

1½ TL gemahlener Zimt

1½ TL getrockneter mexikanischer Oregano

1 weiße Zwiebel, geviertelt

3 Knoblauchzehen, abgezogen und gehackt

2 TL Rosinen

60 ml Essig

60 g Mandelkerne

90 g dunkle Schokolade, mindestens 85 % Kakao-Anteil, gehackt

ZUBEREITUNG

1. Den Backofen auf 200 °C vorheizen. Die Tomaten mit 1 EL Öl bestreichen und salzen. Nebeneinander auf einem Backblech platzieren und 20–30 Minuten im Ofen rösten. Zum Abkühlen beiseitestellen.

2. Eine gusseiserne Pfanne bei mittlerer Temperatur erhitzen, die Ancho- und die Guajillo-Chilischoten hineingeben und 3–5 Minuten braten, bis sie rundum blasig braun sind. Dann vom Herd nehmen und in eine mittelgroße Schüssel geben. Nur so viel heißes (aber nicht kochendes) Wasser darübergießen, bis die Chilischoten bedeckt sind. Beiseitestellen und 30 Minuten ziehen lassen.

3. In derselben Pfanne die Sesamsaat, die Pfefferkörner und die Nelken 2–3 Minuten rösten, bis sich ein würziger Duft entfaltet. Die Gewürzmischung in eine kleine Schüssel geben. Den gemahlenen Zimt und den getrockneten Oregano hinzugeben und gut vermengen.

4. 1 EL Öl in die Pfanne geben und die Zwiebel und den Knoblauch darin 10 Minuten anschwitzen. Vom Herd nehmen und die Zwiebel und den Knoblauch in eine kleine Schüssel geben.

5. Die Rosinen in eine zweite kleine Schüssel geben. Die Pfanne kurz auswischen und noch einmal bei mittlerer Temperatur erhitzen. Den Essig hineingießen und zum Köcheln bringen. Vom Herd nehmen, den Essig über die Rosinen gießen und 10 Minuten quellen lassen.

6. Die eingeweichten Chilischoten abtropfen lassen, das Wasser auffangen und zurückbehalten.

7. Die Tomaten, die Chilischoten, die Gewürze, die Zwiebeln, den Knoblauch, die Rosinen (auch die Rosinenflüssigkeit) und die Mandeln in einen Mixer geben und auf höchster Stufe glatt pürieren, eventuell etwas vom zurückbehaltenen Einweichwasser der Chilischoten zugeben, um eine glattere Konsistenz zu erhalten.

8. Die pürierte Mischung in einen mittelgroßen Kochtopf geben, bei mittlerer Temperatur erhitzen und zum Köcheln bringen. Die Schokolade unterrühren und weitere 20 Minuten köcheln, dabei immer wieder umrühren, bis die Mole Coloradito eine satte rotbraune Farbe bekommt.

9. Die Mole Coloradito zu Enchiladas, Eiern oder gebratenem Fleisch wie Huhn oder Truthahn servieren.

GARNELEN-TOSTADAS MIT MOLE VERDE

UND FIX EINGELEGTER CHILI-ZWIEBEL

ZUTATEN FÜR 4 PERSONEN

FIX EINGELEGTE CHILI-ZWIEBEL

240 ml Essig

2 EL Zucker

1 kleine rote Zwiebel, abgezogen und in dünne Ringe geschnitten

2 Fresno-Chilischoten, in Ringe geschnitten, mit Kernen

MOLE VERDE

1 Jalapeño-Chilischote

8 Tomatillos, geschält

1 EL Pflanzenöl, plus 60 ml*

50 g weiße Zwiebel, gehackt

2 Knoblauchzehen, abgezogen und grob gehackt

Salz

3 Hoja-Santa-Blätter (Pfefferblätter), Stacheln entfernt, grob gehackt

60 g Pepitas (Kürbiskerne)

60 g frischer Koriander, grob gehackt

60 ml frischer Limettensaft, plus mehr nach Bedarf

GARNELEN-FÜLLUNG

Olivenöl extra vergine

50 g weiße Zwiebel, fein gewürfelt

2 Knoblauchzehen, abgezogen und fein gehackt

12 mittelgroße Garnelen, geschält und entdarmt

120 ml Mezcal

Salz

frisch gemahlener schwarzer Pfeffer

Abrieb und Saft von 1 unbehandelten Limette, plus mehr zum Servieren

ZUM SERVIEREN

4 Tostadas (knusprige Maistortillas)

1 Avocado, entkernt und in Scheiben geschnitten

frischer Koriander, gehackt

ZUBEREITUNG

1. Für die **Chili-Zwiebel** in einem kleinen Topf den Essig und den Zucker aufkochen, bis sich der Zucker aufgelöst hat. Die Zwiebel und die Chilischoten in ein hitzebeständiges Glas mit Deckel geben und mit der Flüssigkeit aufgießen. Beiseitestellen, auf Raumtemperatur abkühlen und mindestens 10 Minuten ziehen lassen. Die Mischung kann bis zu 1 Monat im Kühlschrank aufbewahrt werden.

2. Für die **Mole Verde** ein Pfanne mit schwerem Boden erhitzen. Die Jalapeño-Chili und die Tomatillos hineingeben und 3–5 Minuten scharf schwarzbraun braten (alternativ: auf einem *comal* oder über offener Grillflamme garen). Das Gemüse aus der Pfanne nehmen. In Scheiben schneiden und 3 Tomatillos für die Tostadas zurückbehalten. Den Stiel und die Samen der Jalapeño entfernen und wegwerfen. Beiseitestellen.

3. 1 EL Öl in die Pfanne geben und bei hoher Temperatur erhitzen. Die Zwiebel und den Knoblauch sowie Salz hinzufügen und 2 Minuten anschwitzen. Die Hoja-Santa-Blätter und die Pepitas hinzufügen und rösten, bis sie einen zarten Duft entfalten und zusammenfallen. Beiseitestellen und abkühlen lassen.

4. Die Zutaten aus der Pfanne (bis auf die drei zurückbehaltenen Tomatillos) in einen Mixer geben und zusammen mit dem Koriander, dem Limettensaft und dem restlichen Öl auf höchster Stufe pürieren, bis eine glatte Konsistenz entsteht, eventuell noch etwas mehr Öl hinzufügen. Abschmecken und bei Bedarf etwas mehr Salz oder Limettensaft hinzufügen. Die Mole sollte nun eine kräftig grüne Farbe haben.

5. Für die **Garnelen-Tostadas** in einer großen Pfanne einen großen Schuss Öl bei mittlerer Temperatur erhitzen. Die Zwiebel und den Knoblauch darin 10 Minuten glasig anschwitzen. Die Garnelen in die Pfanne geben, 2–3 Minuten braten, dann die Garnelen wenden und mit Mezcal ablöschen, um Bratreste vom Pfannenboden zu lösen. Köcheln lassen, bis der Mezcal auf die Hälfte eingekocht ist. Die Pfanne vom Herd nehmen und die Garnelen mit Salz, Pfeffer, Limettenabrieb und Limettensaft würzen.

6. Zum Servieren jeweils einen gehäuften Löffel Mole Verde auf die Tostadas geben, obenauf jeweils drei Garnelen, Avocadoscheiben und Tomatillos legen und mit einem Spritzer Limette abrunden. Mit der eingelegten Chili-Zwiebel und dem frischen Koriander garnieren.

** Für ein schmackhaftes Öl mit höherem Rauchpunkt 75 Prozent Olivenöl mit 25 Prozent neutralem Pflanzenöl mischen.*

KAPITEL 16

ENGLANDS JURASSIC COAST

Eine Fülle erstaunlicher regionaler Zutaten direkt vor meiner Haustür – von Büffelmozzarella bis zu erstklassigen Meeresfrüchten

Die spektakulären Kreideformationen der Old Harry Rocks sind Teil der Jurassic Coast, einem UNESCO-Weltnaturerbe.

Gordon an der beschaulichen Küste von Cornwall.

DIE JURASSIC COAST, ein Küstenstreifen im Südwesten Englands, erstreckt sich auf einer Länge von rund 150 km durch die Grafschaften Dorset und East Devon. Vor etwa 200 Millionen Jahren war die zerklüftete Küste gänzlich von Meer bedeckt. Eingeschlossen in Felswänden und Gesteinsschichten, finden sich fossilierte Überreste von Lebewesen, die in jenem Meer schwammen. Unberührte Moore, malerische Fischerdörfer und weiße Steilküsten sind die Highlights der Region. Wie das benachbarte Cornwall bietet die Jurassic Coast allerlei kulinarische Köstlichkeiten. Die Menschen betreiben Landwirtschaft und Fischfang und lassen in ihren Gerichten den unglaublichen Eigengeschmack lokaler Zutaten sprechen. Kochen ist hier gelebte Leidenschaft in einer kollegialen Gemeinschaft, die mit viel Engagement und im Rhythmus der Jahreszeiten neue Kombinationen aus lokalen Produkten kreiert.

Der Leuchtturm Trevose Head nahe Padstow (Cornwall).

KURZ-INFO

ORT

Die Jurassic Coast im südwestlichen England hält wahre Schätze bereit, ob an der Küste oder davor im Wasser.

GEOGRAFIE

Der südwestliche Zipfel Englands birgt einsame Moore, Wälder und Flusstäler sowie eine zerklüftete, wilde Küstenlinie.

FOOD FACT

Büffelmozzarella wird, na klar, aus Büffelmilch hergestellt, die einen doppelt so hohen Fettgehalt hat wie Kuhmilch.

Die Jurassic Coast und auch das benachbarte Cornwall bieten allerlei kulinarische Köstlichkeiten.

Es war spannend, meinen eigenen »Vorgarten« einmal näher zu erkunden. Die Jurassic Coast hat einige der besten Meeresfrüchte in ganz Europa zu bieten. Mehr als 40 verschiedene Spezies – von Austern und Miesmuscheln über Krebse und Hummer bis hin zu Seezunge, Wolfsbarsch und Makrele – tummeln sich in den Wassern entlang der Küstenlinie. Chefkoch Paul Ainsworth wuchs unweit von hier im Küstenort Southampton auf. Er arbeitete etliche Jahre in Londoner Küchen, ehe er zurück in die Heimat zog und sich ein eigenes Restaurant-Imperium aufbaute.

»Die erstklassigen Meeresfrüchte hier in Cornwall und an der Jurassic Coast sind phänomenal«, erzählt mir der Sternekoch, der vier Restaurants betreibt (No6, Mariners Public House, Caffè Rojano, Padstow Townhouse). »Das wärmere Klima hier im südwestlichen England und die perfekte natürliche Verbindung von Boden und Wasser machen diesen Standort zu einem der besten der Welt. Kein Wunder, dass viele von uns eine so große Leidenschaft für diese heimischen Zutaten haben.«

Der Standort im Südwesten Englands ist in der Tat ein Geschenk – nicht zuletzt dank Zutaten, für die man sich leicht begeistern kann. An der breiten Camel-Flussmündung in Cornwall liegt das Porthilly Shellfish, wo Tim Marshall ganzjährig Pazifische Austern anbaut. Der Austernzüchter in fünfter Generation bringt die »Saat« in Netzbeuteln im Mündungs-

---

ADRENALINRAUSCH

»COASTEERING« NACH MEERTANG

Der Abenteurer Dan Scott liebt Dorset und lässt sich von der Jurassic Coast inspirieren, erkundet die Küstenregion ebenso wie Heide und Wald im Landesinneren. Zusammen mit seiner Frau Jade gründete er Fore/Adventure und bietet im Rahmen maßgeschneiderter Outdoor-Abenteuer auch kulinarische Erlebnistouren an. Bei einer »Coasteering«-Tour an der Dancing Ledge, einer Felsfläche am Fuße einer Klippe voller Fossilien aus der Jurazeit, feuert er Chefkoch Paul Ainsworth und mich an, einen beherzten Sprung von den Klippen zu

Abenteurer Dan Scott

wagen, um nach Meeresalgen zu suchen, nach Gemeinem Darmtang etwa oder der Pfeffer-Dulse, wegen ihrer kräftigen Umami-Note auch »Trüffel des Meeres« genannt.

DIE SCHÖNSTE KÜSTE
Die Jurassic Coast erstreckt sich im Süden Englands von East Devon (mit dem eindrucksvollen Powderham Castle, oben) bis zu den einsamen Dünen von Studland (unten links).

SCHLAGLICHT

UNTERWEGS MIT PAUL AINSWORTH

Chefkoch Paul Ainsworth stammt aus Southampton, wo seine Eltern ein Guesthouse führten. Als glühender Unterstützer der örtlichen Bauern, Fischer und handwerklichen Erzeuger arbeitete Paul sechs Jahre lang im Restaurant Gordon Ramsay, bevor er im No6 in Padstow Küchenchef wurde. Wenig später wurde er auch Inhaber und eröffnete No6 neu, unter seinem Namen Paul Ainsworth, das ihm 2013 einen Michelin-Stern einbrachte. Weitere Eröffnungen folgten – das Mariners Public House, das Caffè Rojano by Paul Ainsworth und das Boutique-Hotel Padstow Townhouse.

»Mit den Zutaten, die wir in Cornwall haben, auf dem Land und an der Jurassic Coast, kann man nichts falsch machen«, sagt er. »Das artenreiche Ökosystem verdanken wir dem milden Klima und dem Boden. Durch das Zusammenspiel von Land, Meer und einer ständigen Meeresbrise muss das Weidevieh im Winter nicht in den Stall, und Zutaten aus dem Meer sind immer reichlich da. In den letzten zehn bis zwölf Jahren hat sich hier kulinarisch enorm viel getan.«

Pauls Talent sowie seine Zielstrebigkeit als Jungkoch haben sich ausgezahlt. Auch wenn wir uns manchmal frotzeln, ich bin richtig stolz auf ihn und froh, dass er diese köstlichen Zutaten mit mir geteilt hat.

Chefkoch Paul Ainsworth beim großen Kochduell: Letzte Handgriffe am Hummer mit frittiertem Miesmuschelsalat.

gebiet aus, wo sie im Strom der Gezeiten abwechselnd in Süßwasser und Salzwasser lebt. Die Austern werden geerntet, sobald sie eine verzehrfertige Größe erreicht haben – nach etwa 16 bis 24 Monaten.

Zusammen mit Paul schüttele und wende ich die Beutel bei Ebbe, damit sich die Austern gut entwickeln und die Schalen nach außen wölben. Ohne diesen Arbeitsschritt blieben die Schalen der Austern flach. Paul witzelt, dass ich wohl lange keine Austern mehr gekostet habe, da ich mir beim Öffnen der Schale einen kleinen Schnitt zugezogen habe. Und ich kann es mir nicht verkneifen, ihn daran zu erinnern, dass er seine allererste Auster damals für mich geöffnet hat, im Restaurant Gordon Ramsay in der Royal Hospital Road in London. Sei's drum, die Austern waren absolut lecker!

Am langen Küstenstreifen der Jurassic Coast finden Sammler eine große Vielfalt an essbaren Algen,

ZEIT FÜRS DESSERT
Gordon zu Besuch bei Caron Cooper vom Fosse Farmhouse, um traditionellen Lardy Cake zu probieren.

Meerespflanzen und anderen Wildpflanzen. Der Gemeine Darmtang schmeckt getrocknet oder frittiert sensationell. Oder aber man streut ihn dekorativ als Gewürz über die fertigen Speisen. Die Pfeffer-Dulse (auch als »Trüffel des Meeres« bekannt) hat frisch verzehrt einen pfeffrigen oder knoblauchartigen Geschmack, entwickelt beim Trocknen aber eine intensive Umami-Note – ein bisschen wie leicht gesalzene und gepfefferte Wasabi mit süßlichen Aromen.

Vor der zerklüfteten Küste gibt es Meertang in rauen Mengen, doch im Boot kommt man kaum nahe genug heran, um ihn zu ernten. Also müssen wir abwech-

Die Zeit in Cornwall und an der Jurassic Coast hat mir einmal mehr vor Augen geführt, wie gut es kulinarische Handwerker hierzulande verstehen, hochwertige, erstaunliche Produkte herzustellen.

selnd durch die Gezeitenzone schwimmen und laufen, »Coasteering« genannt. Doch zuallererst heißt es: Von einer gewaltigen, rutschigen Klippe namens Dancing Ledge beherzt ins Wasser springen. In den klaren, seichten Gewässern vor den Klippen gibt es den weltbesten Dorset-Hummer. Fischer fahren in Kajaks hinaus, um Hummerfallen auszulegen und wieder einzuholen. Dabei das Gleichgewicht zu halten, ist echt schwierig – der Erfolg dafür umso schöner.

Traditionelle Gerichte wie Lardy Cake stehen in Lokalen wie dem Fosse Farmhouse, einem Bed and Breakfast im südwestlichen Herzen Englands, heute noch auf der Karte. Hergestellt aus Schmalz, Butter, Olivenöl, Mehl, Zucker, Gewürzen, Korinthen und Rosinen galt Lardy Cake lange als Arme-Leute-Essen. Heute wird er am Nachmittag zur klassischen English Tea Time gereicht. Sein Geschmack ist einzigartig – ein bisschen wie ein Butter-Croissant.

Der Büffelmozzarella vom Familienhof Buffalicious in Somerset ist perfekt. Dank der üppigen Weiden hat die Milch der 250 Wasserbüffel die perfekte Konsistenz für Mozzarella. Büffelmilch hat einen doppelt so hohen Fettgehalt wie Kuhmilch, weshalb der Büffelkäse nicht so schnell auswässert. Ich habe es gerade mal eine Sekunde lang geschafft, einen Wasserbüffel zu melken. Doch den Käse anschließend zu probieren, war ein Highlight für mich.

Ein weiterer Höhepunkt waren die selbst gebrannten Gin-Sorten der Cornwalls Wrecking Coast Distillery, mit einigen doch sehr überraschenden Zutaten, wie etwa Löffelkraut, das einen senfigen, pfeffrigen Geschmack entfaltet. Und mit 57 Volumenprozent Alkohol haben es diese Gins ordentlich in sich. Auch der sogenannte Clotted Cream Gin, ein klarer Gin, der schmeckt wie alkoholhaltige Clotted Cream in flüssiger Form, war eine geschmackliche Neuheit für mich.

Die Zeit in Cornwall und an der Jurassic Coast hat mir einmal mehr vor Augen geführt, wie gut es kulinarische Handwerker hierzulande verstehen, hochwertige, erstaunliche Produkte herzustellen. Wie schnell übersieht man doch die unglaublichsten Zutaten direkt vor der eigenen Haustür! Meinen »Vorgarten« ganz neu zu entdecken, war wunderschön. Ein unvergessliches Erlebnis!

REISE-EINMALEINS

GEFIEDERTE FREUNDE

England wird seinem Ruf gerecht, unberechenbares Wetter zu haben, und die südwestliche Ecke des Landes ist da keine Ausnahme. Selbst im Sommer muss man mit Regenschauern rechnen. Regenjacke und Gummistiefel sind also nie verkehrt. Der lange Küstenstreifen und die abwechslungsreiche Landschaft entlang der Küste Cornwalls und der Jurassic Coast sind ein Paradies für Vogelbeobachter, vor allem in den Herbst- und Wintermonaten, wenn Seevögel, seltene Arten und Zugvögel hier rasten. Mit einem Fernglas macht die Vogelbeobachtung auch für Laien richtig Spaß.

GIN-POCHIERTE AUSTERN

MIT ALGEN-TAGLIATELLE UND KAVIAR

ZUTATEN FÜR 2 PERSONEN

TAGLIATELLE

200 g Weizenmehl Type 405, plus mehr nach Bedarf

1 TL Salz

2 große Eier

20 g frische Algen, gehackt, blanchiert, abgeschreckt und vollständig getrocknet

Salz

GIN-BUTTER

120 ml Gin

1 Schalotte, abgezogen und gehackt

2 Zweige Thymian, Blätter abgezupft

120 g Butter, gewürfelt

1 TL Salz

GIN-POCHIERTE AUSTERN

240 ml Gin

2 EL Butter

1 Stück Zitronenschale (à 2,5 cm)

½ TL Salz

6 Austern, ausgelöst (Schalen gesäubert und beiseitegestellt)

180 g Steinsalz

30 g Kaviar

ZUBEREITUNG

1. Für die **Tagliatelle** das Mehl und das Salz auf eine saubere Arbeitsfläche geben und in der Mitte eine Mulde formen.

2. Die Eier vorsichtig in die Mulde aufschlagen, vorsichtig mit einer Gabel durchrühren und langsam in das Mehl einarbeiten.

3. Sobald sich ein Teig bildet, die Algen hinzufügen und mit dem Kneten beginnen. Etwa 10 Minuten kneten, bis der Teig glatt und elastisch ist. Ist der Teig noch zu feucht, etwas mehr Mehl hinzufügen. Den Teig zu einer Kugel formen, in Frischhaltefolie verpacken und 20 Minuten in den Kühlschrank legen.

4. Für die **Gin-Butter** in einer großen Stielpfanne den Gin, die Schalotte und den Thymian bei mittlerer Temperatur zum Kochen bringen. Die Temperatur herunterdrehen und köcheln, bis die Flüssigkeit auf die Hälfte eingekocht ist.

5. Die Temperatur reduzieren und die Butter portionsweise hinzufügen; die Pfanne dabei ständig schwenken, um die Butter vollständig zu schmelzen. Die Sauce mit Salz abschmecken und warm halten.

6. Einen großen Topf mit Wasser zum Kochen bringen. Großzügig salzen.

7. Für die Tagliatelle den Teig auf eine leicht bemehlte Fläche legen und mit einem Nudelholz dünn ausrollen; die Fläche immer wieder mit Mehl bestauben, damit der Teig nicht kleben bleibt. Den Teig nach dem Ausrollen in etwa 0,5 cm breite Streifen schneiden.

8. Die Nudeln im kochenden Wasser 45–60 Sekunden al dente (bissfest) kochen. Herausnehmen und in die Stielpfanne mit der Butter geben. Die Nudeln darin gut durchschwenken, bis sie gleichmäßig mit Butter überzogen sind.

9. Für die **Gin-pochierten Austern** in einem kleinen Topf den Gin bei mittlerer Temperatur zum Kochen bringen. Die Butter, die Zitronenschale und das Salz hinzufügen. Sobald die Butter geschmolzen ist, die Temperatur reduzieren.

10. Die Austern in der köchelnden Flüssigkeit 30–45 Sekunden garen, bis sie fest sind.

11. Zum Servieren sechs Häufchen Steinsalz auf eine Platte geben. Die sechs gesäuberten Austernschalen auf die Salzhäufchen setzen.

12. Tagliatelle mit einer Nudelgabel zu einem kleinen Nest drehen, in eine der sechs Austernschalen legen und eine Gin-pochierte Auster obenauf setzen. Diesen Vorgang für die übrigen fünf Austernschalen wiederholen. Zum Abschluss mit einem Löffel Kaviar garnieren.

POCHIERTER HUMMER

MIT BUTTERSAUCE, OFENKARTOFFELN UND EINGELEGTEM GEMÜSE

ZUTATEN

FÜR 2 BIS 4 PERSONEN

EINGELEGTES GEMÜSE

3 EL Salz

10 Zuckerschoten

10 Baby-Karotten

1 Romanesco, in Röschen geteilt

500 ml Champagner-Essig

4 Stängel Dill

100 g Zucker

1 TL ganze schwarze Pfefferkörner

OFENKARTOFFELN

140 g kleine Kartoffeln

2 bis 4 EL Olivenöl extra vergine

2 EL gehackter Knoblauch

1 EL Salz

1 TL frisch gemahlener schwarzer Pfeffer

POCHIERTER HUMMER

90 g Salz

1 Zitrone, halbiert

2 Zweige Thymian

2 Stängel Petersilie

2 Zweige Estragon

1 ganzer Hummer (à 1,5 kg)

BUTTERSAUCE

500 ml Weißwein

1 Schalotte, abgezogen und grob gehackt

4 EL Butter, gewürfelt

2 EL braune Butter (Nussbutter)

1 Zweig Estragon, fein gehackt

1 TL Salz

ZUBEREITUNG

1. Für das **eingelegte Gemüse** eine große Schüssel mit Eiswasser bereitstellen. In einem großen Topf etwa 4 l Wasser bei mittlerer Temperatur zum Kochen bringen und 2 EL Salz hinzufügen.

2. Die Zuckererbsen, die Karotten und die Romanesco-Röschen hinzugeben. Das Gemüse 2 Minuten knackig garen. Das Gemüse aus dem Wasser nehmen und sofort in das Eiswasser geben, um es abzuschrecken und ein Nachgaren zu unterbinden. Das Gemüse nach dem Abkühlen abtropfen lassen und in eine Schüssel geben.

3. In einem kleinen Topf 500 ml Wasser, Essig, Dill, Zucker, den übrigen EL Salz und die Pfefferkörner bei mittlerer Temperatur zum Kochen bringen, bis sich der Zucker aufgelöst hat. Die Flüssigkeit abkühlen lassen und danach über das Gemüse gießen. Mindestens 30 Minuten marinieren.

4. Den Backofen auf 180 °C vorheizen.

5. Für die **Ofenkartoffeln** alle Kartoffelzutaten in einer Schüssel vermengen und schwenken, bis die Kartoffeln überzogen sind.

6. Die Kartoffeln nebeneinander (nicht übereinander) auf ein Backblech legen und 45 Minuten im Ofen backen.

7. Die Temperatur dann auf 200 °C erhöhen und weitere 15 Minuten backen, bis die Kartoffeln knusprig braun sind.

8. Für den **Hummer** eine große Schüssel mit Eiswasser bereitstellen. In einem großen Topf etwa 4 l Wasser bei mittlerer Temperatur zum Kochen bringen und salzen. Die beiden Zitronenhälften, Thymian, Petersilie und Estragon hinzufügen.

9. Den Hummer in den Topf geben und 8–9 Minuten kochen, bis das Hummerfleisch eine leicht rosa Farbe annimmt. (Als Garprobe mit einem scharfen Messer durch die Schale stechen, zwischen Schwanzansatz und Körper).

10. Den Hummer aus dem Topf nehmen und 5 Minuten im Eiswasser abschrecken.

11. Den Hummer aus dem Eiswasser nehmen. Um an das Fleisch aus den Scheren zu kommen, diese mit einer stabilen Küchenschere in Längsrichtung aufschneiden. Den Schwanz in einer Drehbewegung vom Körper ablösen, in ein Küchentuch einwickeln und durch sanften Druck zwischen die Schwanzrippen das Fleisch herauslösen. Falls erforderlich, mit einem scharfen Messer mittig von oben durch den Hummerschwanz stechen und kräftig nach unten drücken, um das Hummerfleisch auszulösen. Das Hummerfleisch beiseitestellen und die Schalen wegwerfen.

12. Für die **Buttersauce** in einem kleinen Stieltopf den Weißwein und die Schalotte bei mittlerer Temperatur zum Kochen bringen und 10–15 Minuten bis auf etwa 3 EL einkochen. Die Schalotte abseihen und wegwerfen. Die Reduktion auf niedriger Temperatur warm halten.

13. Die gewürfelte Butter unter ständigem Schwenken portionsweise hinzufügen, sodass sie vollständig schmilzt. Die braune Butter hinzufügen und den Stieltopf weiter schwenken, bis sie vollständig vermischt ist. Den gehackten Estragon und das Salz unterrühren.

14. Zum Servieren das Hummerfleisch auf einer Platte anrichten und mit der Buttersauce begießen. Die Ofenkartoffeln halbieren und mit dem eingelegten Gemüse servieren.

STUBENKÜKEN VOM GRILL

MIT ALGEN-PESTO UND MOZZARELLA-CREME

ZUTATEN FÜR 2 PERSONEN

MEERALGEN-PESTO

50 g frische Meeralgen, blanchiert und abgeschreckt

30 g Basilikum

30 g glatte Petersilie

30 g geriebener Parmesan

1 Knoblauchzehe, abgezogen

Abrieb und Saft von ½ unbehandelten Zitrone

1 TL Salz

100 ml Olivenöl extra vergine

TOMATEN-ÖL

100 ml Olivenöl, extra vergine

2 Knoblauchzehen, abgezogen

6 Kirschtomaten

2 Zweige Thymian

STUBENKÜKEN

2 Stubenküken*

2 EL Algen-Pesto (s. links)

100 ml Tomaten-Öl (s. links)

Salz

frisch gemahlener schwarzer Pfeffer

MOZZARELLA-CREME

2 Kugeln Mozzarella

Abrieb von ½ unbehandelten Zitrone

2 EL Mascarpone

1 TL Salz

1 EL Olivenöl extra vergine

** Beim Kauf den Geflügelhändler bitten, die Stubenküken im Schmetterlingsschnitt aufzuschneiden und Rückgrat und Rippen zu entfernen.*

ZUBEREITUNG

1. Für das **Algen-Pesto** alle Pesto-Zutaten zusammen in einem Mixer glatt pürieren. Nach Bedarf etwas mehr Salz oder Zitronensaft hinzufügen. Eine halbe Menge Pesto zum Grillen aufbewahren und die andere Hälfte zum Servieren beiseitestellen.

2. Für das **Tomaten-Öl** in einem Topf Öl, Knoblauch, Kirschtomaten und Thymian bei mittlerer Temperatur leicht erhitzen. Die Mischung 2–3 Minuten köcheln (nicht zum Kochen bringen!), dann die Herdplatte ausschalten und die Mischung abkühlen lassen. Das Öl abseihen und beiseitestellen.

3. Einen Grill auf 200 °C vorheizen. Das Algen-Pesto unter die Haut der **Stubenküken** füllen und möglichst gleichmäßig verteilen. Die Stubenküken mit dem Tomaten-Öl bestreichen, salzen und pfeffern.

4. Die Stubenküken in Grillkörbe legen und auf den Grillrost setzen; auf eine gleichmäßig verteilte Temperatur achten, damit die Stubenküken nicht verkohlen. Zwischendurch immer wieder mit Tomaten-Öl bepinseln, damit die Haut schön knusprig wird.

5. Für die **Mozzarella-Creme** alle Zutaten in einen Mixer geben und glatt pürieren. Nach Bedarf etwas mehr Salz und Zitronenabrieb hinzufügen. Gerät die Mozzarella-Creme zu dick, etwas Wasser oder Milch hinzufügen, um sie cremiger zu machen.

6. Die Stubenküken auf einer Platte anrichten und mit der Mozzarella-Creme und dem restlichen Pesto servieren.

DANK

Die Abenteuer, die ich im Rahmen meiner Touren für die Serie *Kulinarische Abenteuer* erlebt habe, um Zutaten, Aromen, Gerichte und Kulturen rund um den Globus zu erkunden, haben mein Leben verändert. Zu reisen und mitzuerleben, wie lokale Zutaten die Gastronomie eines Ortes prägen und zum Gesamtbild einer Kultur beitragen, schenkt uns ein tieferes Verständnis für Land und Leute. Ich danke jedem Einzelnen, der an diesem Buch mitgewirkt hat, auf dass es euch allen viele Anregungen für künftige Reisen und Gerichte geben möge.

Vielen Dank an all die wunderbaren Menschen, die mir meinen Weg erleichtern – an Rachel Ferguson, die mich jeden Tag auf Kurs hält, an Justin Mandel, dessen Fotografien und Blickwinkel von unschätzbarem Wert sind, und an Codii Lopez, die mit ihrer brillanten Arbeit an den Rezepten alles voranbringt.

Mein Dank geht auch an National Geographic und das ganze Produktionsteam hinter *Kulinarische Abenteuer*. Sie alle waren ein unentbehrlicher Teil dieser abenteuerlichen Reise. Insbesondere danke ich Jon Kroll, Neil DeGroot und Tara Williams, die wahre Wunder wirkten, um das Chaos unter Kontrolle zu halten, sowie Gary und Dennis, die mir mehr als einmal das Leben gerettet haben.

Die Köche in meinem Team, vor allem Alex und Jocky Petrie, sowie all die vielen Köche und engagierten Kultur- und Kulinarik-Experten, die ich während der Dreharbeiten kennengelernt habe, waren unglaublich. Ein riesiges Dankeschön an alle, die ihre Küchen verlassen und sich auf dieses wahnsinnige kulinarische Abenteuer mit mir eingelassen haben.

Mein Dank gilt auch dem hochprofessionellen Team von National Geographic Books, das sein Herz in dieses Buch gesteckt hat – es war ein *Kulinarisches Abenteuer* für sich. Ein ganz besonderes Dankeschön sage ich meiner Co-Autorin Jill K. Robinson, die mich etliche Mal am Set besucht hat. Danke auch an Allyson Johnson (Senior Editor), Jerry Sealy (Designer) und Jill Foley (Senior Photo Editor) für die Gestaltung dieser großartigen Buchseiten; an Lisa Thomas (Editorial Director), Elisa Gibson (Creative Director) und Adrian Coakley (Director of Photography); an Ashley Leath (Project Editor), Michael O'Connor (Senior Production Editor); an Becca Saltzman (Production Editor) und Jenny Miyasaki (Copy Editor).

Und last but not least danke ich meiner wunderbaren Familie, die mich antreibt und inspiriert, immer und überall und unter allen Umständen mein Bestes zu geben: meiner großartigen Frau Tana und unseren fünf Kindern Megan, Holly, Jack, Tilly und Oscar. Ihr seid Motivation für alles, was ich tue, und meine Reise ist so viel schöner, weil es euch gibt!

BILDNACHWEIS

Einige Rezepte in diesem Buch sind inspiriert von den Großen Kochduellen, wurden aber für die Möglichkeiten zu Hause angepasst. Die Abbildungen können vom endgültigen Rezept abweichen.

NG = National Geographic
HPRL = Humble Pie Rights Limited

Umschlagabbildungen vorne im Uhrzeigersinn von links oben: NG/Mark Johnson; Fotocollage von NG unter Verwendung einer Aufnahme von Henryk Welle/Getty Images; NG/Jon Kroll; NG/Justin Mandel; NG/Justin Mandel; NG/Ritam Banerjee. Umschlagabbildungen hinten im Uhrzeigersinn von links oben: NG/Justin Mandel; NG/Justin Mandel; NG/Justin Mandel; NG/Mark Johnson; HPRL/Justin Mandel. 2–3, NG/Ernesto Benavides; 4, NG/Lisa Corson; 6–7, HPRL/Justin Mandel; 9 (oben), Moreno Geremetta/mauritius images GmbH/Alamy Stock Photo; 9 (unten), NG/Mark Johnson; 10–13, HPRL/Justin Mandel; 14–15, NG/Ritam Banerjee; 16–17, NG/Justin Mandel; 18–19, NG/Camilla Rutherford; 20–21, HPRL/Justin Mandel; 22–23, NG/Mark Johnson; 24–25, NG/Ernesto Benavides; 26, Jason Edwards/NG Image Collection; 27, Patrick_Gijsbers/Getty Images; 29 (oben links und Mitte rechts), NG/Ernesto Benavides; 29 (oben rechts), Edward Viljoen/EyeEm/Getty Images; 29 (Mitte links), Elizabeth Beard/Getty Images; 29 (unten links und unten rechts), HPRL/Justin Mandel; 30–31, NG/Ernesto Benavides; 32, wayfarerlife photography/Getty Images; 33, HPRL/Justin Mandel; 34–35, Alec Jacobson; 36, NG/Lisa Corson; 38, NG/Ernesto Benavides; 40–41, NG/Mark Johnson; 42, Starcevic/Getty Images; 43, NG/Mark Johnson; 45, Leonid Andronov/Shutterstock; 46–47, HPRL/Justin Mandel; 48 (oben), Japhotos/Alamy Stock Photo; 48 (unten links), alessandro0770/Getty Images; 48 (unten rechts), Chris Griffiths/Getty Images; 49, HPRL/Justin Mandel; 50–53, NG/Mark Johnson; 54, HPRL/Justin Mandel; 56–57, Mlenny/Getty Images; 58, NG/Jock Montgomery; 59, NG; 61–62 (oben links), NG/Jock Montgomery; 62 (oben rechts), travelstock44.de/Juergen Held/Alamy Stock Photo; 62 (unten), NG; 63–65, HPRL/Justin Mandel; 66, NG/Lisa Corson; 68, HPRL/Justin Mandel; 70–71, NG/Camilla Rutherford; 72, Lans Hansen/Getty Images; 73, Jon Kroll; 74, HPRL/Justin Mandel; 75, Nigel Killeen/Getty Images; 76–78, HPRL/Justin Mandel; 79, NG/Camilla Rutherford; 80, NG/Lisa Corson; 82–84, HPRL/Justin Mandel; 86–87, Christian Heeb; 88, NG/Michael Muller; 89, Ron Dahlquist/robertharding; 90, HPRL/Justin Mandel; 91, NG; 92–93, NG/Michael Muller; 94 (oben links), Douglas Peebles/Getty Images; 94 (oben rechts), Greg Vaughn/Alamy Stock Photo; 94 (unten links), Christian Heeb; 94 (unten rechts), elena_suvorova/Adobe Stock; 95, © StockFood/Laurange; 96–98, HPRL/Justin Mandel; 102–103, Beverly Joubert/NG Image Collection; 104, HPRL/Justin Mandel; 105, Hayden Elliott/500px/Getty Images; 107, Brenda Lindon/Getty Images; 108–110, HPRL/Justin Mandel; 111 (oben links), Shannon Wild/NG Image Collection; 111 (oben rechts), Brand SA/Greatstock/Alamy Stock Photo; 111 (unten links), Angela Bax/EyeEm/Getty Images; 111 (unten rechts), Lindokuhle Dlamini/Getty Images; 112, NG/Jon Kroll; 114, NG; 116, NG/Jon Kroll; 118–119, Pablo Joanidopoulos/Shutterstock; 120, Mark Bridger/Getty Images; 121, Marius Dobilas/Shutterstock; 123, NG/Jon Kroll; 124–125, NG/Justin Mandel; 126 (oben links und unten rechts), HPRL/Justin Mandel; 126 (oben rechts und unten links), NG/Justin Mandel; 127–128, HPRL/Justin Mandel; 130, NG/Justin Mandel; 132, HPRL/Justin Mandel; 134–135, HPRL/Justin Mandel; 136, NG/Justin Mandel; 137, Adrian Catalin Lazar/Getty Images; 139, Anton Jankovoy/Getty Images; 140–142 (links), NG/Justin Mandel; 142 (rechts), Franck Guiziou/hemis.fr/Alamy Stock Photo; 143, NG/Ritam Banerjee; 144, NG/Justin Mandel; 146, HPRL/Justin Mandel; 148–149, John Bragg/Alamy Stock Photo; 150, Westend61/Thomas Haupt/Getty Images; 151–152, NG/Justin Mandel;

153, Frank Fell/Alamy Stock Photo; 154–155, NG/Justin Mandel; 157 (oben links und unten rechts), HPRL/Justin Mandel; 157 (oben rechts), Slaven Sarkanovic/EyeEm/Getty Images; 157 (unten links), zlatkozalec/Shutterstock; 158, HPRL/Justin Mandel; 160, NG/Justin Mandel; 162–163, RnDmS/Getty Images; 164, anyaberkut/Getty Images; 165–166, HPRL/Justin Mandel; 167 (oben links), Thomas P. Peschak/NG Image Collection; 167 (oben rechts), HPRL/Justin Mandel; 167 (unten), Michael Melford/NG Image Collection; 168–169, NG/Justin Mandel; 170, Mike Schirf/Cavan Images; 171–172, HPRL/Justin Mandel; 174–176, NG/Justin Mandel; 178–179, Artur Carvalho/Getty Images; 180–186, HPRL/Justin Mandel; 187, Classic Image/Alamy Stock Photo; 188–190, NG/Justin Mandel; 192–193, Deb Snelson/Getty Images; 194, NG/Justin Mandel; 195–197 (oben links), HPRL/Justin Mandel; 197 (oben rechts), Remo Nonaz/Shutterstock; 197 (unten), HPRL/Justin Mandel; 198–199, NG/Justin Mandel; 200, Randy Harris Images/Offset; 201–202, HPRL/Justin Mandel; 204–206, NG/Justin Mandel; 209, HPRL/Justin Mandel; 210–211, WerksMedia/Getty Images; 212, carlosalvarez/Getty Images; 213, NG/Justin Mandel; 214–215 (oben links), HPRL/Justin Mandel; 215 (oben rechts), NG/Justin Mandel; 215 (unten links und unten rechts), HPRL/Justin Mandel; 216–218, HPRL/Justin Mandel; 218–219, NG/Justin Mandel; 222, HPRL/Justin Mandel; 224, NG/Justin Mandel; 226–227, HPRL/Justin Mandel; 228–229, Norbert Figueroa/EyeEm/Getty Images; 230, NG/Joelly Rodríguez; 231–233 (oben), shakzu/Getty Images; 233 (unten links), Laura Hasenmayer/Getty Images; 233 (unten rechts), HPRL/Justin Mandel; 234–235, HPRL/Justin Mandel; 236, NG/Justin Mandel; 237, HPRL/Justin Mandel; 238–242, NG/Justin Mandel; 244–245, HPRL/Justin Mandel; 246–247, Quinn Glabicki; 249 (oben links), HPRL/Justin Mandel; 249 (oben rechts), NG/Justin Mandel; 249 (unten), Bloomberg Creative Photos/Getty Images; 250–251 (oben), HPRL/Justin Mandel; 251 (unten), NG/Justin Mandel; 252, Quinn Glabicki; 253, HPRL/Justin Mandel; 254, NG/Justin Mandel; 256–258, HPRL/Justin Mandel; 260–261, David Photography/500px/Getty Images; 262, HPRL/Justin Mandel; 263, robertharding/Nigel Hicks/Offset; 264, HPRL/Justin Mandel; 265 (oben), Maciej Olszewski/Adobe Stock; 265 (unten links), Alexander Jung/Shutterstock; 265 (unten rechts), HPRL/Justin Mandel; 266–274, HPRL/Justin Mandel; 286–287, HPRL/Justin Mandel.

REGISTER

A

Aal 79
Affenorangen-Chutney 117
Ainsworth, Paul 264, 267
Algen-Pesto 275
Algen-Tagliatelle 271
Ananas-Chili-Glasur 101
Anticuchera-Marinade 39
Apfelsalat 173
Aquavit 127
Aquavit-Algen-Butter 132
Auberginen
  Red Snapper vom Grill mit Mojo Rojo 242
  Süßsaure Welssuppe 69
Austern à la Rockefeller 205
Austern-Aioli 203
Avocado
  Red Snapper Ceviche mit Avocado 239

B

Bala, Shri 15, 138
Bier 28
  Biersauce 100
  Geschmortes Schweinefleisch und mit Mole gefüllte Chiles Rellenos 254
  Rinderfilet-Anticuchos mit Quinoa 39
Bohnen
  Gegrillte Languste mit schwarzer Bohnensauce, Pohole und Seeigel-Rogen 99
  Hominy-Bohnen-Eintopf mit geräuchertem Haxenfleisch 227
Braai-Grillgewürz 113
Branntwein-Buttersauce 175
Bravo, Manuel Choqque 28
Brotfruchtpüree 100
Buttersauce 133, 272

C

Cámara, Gabriela 248, 253
Chakalaka 115
Cheddarkäse-Maisbrei 223
Chiles Rellenos 255
Chili-Dip 66
Chili-Marinade 37
Chili-Zwiebel 259
Crowe, Malia 217
Cunha, Hélder 184

D

Dissen, William 214, 219

E

Eingelegte Zwiebeln
  Chili-Zwiebel 259
  »Livermush«-Brötchen mit eingelegten Zwiebeln und Pilzen 221
  Pandi-Curry nach Coorg-Art 142, 144
Eingelegter Rhabarber 173
Eingelegtes Gemüse 272
Eiríksson, Ragnar 165, 168
Enrique, José 237
Entenmuscheln 182, 186

F

Fisch und Krustentiere
  Fischsuppe mit Muscheln (Chowder) 131
  Garnelen-Tostadas mit Mole Verde 258
  Gebutterte Flusskrebse mit Cheddarkäse-Maisbrei 223
  Gegrillte Languste mit schwarzer Bohnensauce, Pohole und Seeigel-Rogen 99
  Gegrillte Sardinen 189

Gegrillter Lachs mit Brennivin-Buttersauce 175
Gegrillter Thunfisch und Austern-Aioli 203
Gin-pochierte Austern mit Algen-Tagliatelle und Kaviar 271
Hummer-Muschel-Bouillabaisse 207
Hummer-Thermidor 208
Kaisergranat vom Grill mit Kiefernsprossen-Butter und Kaviar 129
Kammmuscheln aus der Pfanne mit eingelegtem Rhabarber und Apfelsalat 173
Pochierter Hummer mit Buttersauce, Ofenkartoffeln und eingelegtem Gemüse 272
Porco à Alentejana mit Muscheln und Kirschtomaten 191
Red Snapper Ceviche mit Avocado 239
Red Snapper mit Zucchiniblüten-Tempura, Klebreis und Chili-Dip 66
Red Snapper vom Braai mit Affenorangen-Chutney 117
Red Snapper vom Grill mit Mojo Rojo 242
Schwarzer Risotto mit gegrilltem Tintenfisch 161
Süßsaure Welssuppe 69
Fischsuppe mit Muscheln (Chowder) 131
Fiso, Monique 74, 76
Frischkäse
Manuels Kartoffeln mit Honig und Queso Fresco 34
Fuchsienbeeren-Chutney 80

G

Garnelen-Tostadas mit Mole Verde 258
Gebeizte Kiefernsprossen 129
Gebutterte Flusskrebse mit Cheddarkäse-Maisbrei 223
Gedämpfter Karamellkuchen 83
Gegrillte Languste mit schwarzer Bohnensauce, Pohole und Seeigel-Rogen 99
Gegrillte Maiskolben 208
Gegrillte Sardinen 189
Gegrillter Lachs mit Brennivin-Buttersauce 175
Gegrillter Thunfisch und Austern-Aioli 203
Gegrilltes Schweinefilet mit Pisco, Mango-Gastrique und Kamille-Rauchsalz 37
Geschmorte Keule und Schulter von der Ziege mit Fuchsienbeeren-Chutney 80
Geschmortes Schweinefleisch und mit Mole gefüllte Chiles Rellenos 254
Gewürz-Reispudding mit Kardamom, Lorbeer und Kaffeelikör 147
Gin-Butter 271
Gin-pochierte Austern mit Algen-Tagliatelle und Kaviar 271
Great Smoky Mountains (North Carolina) 211–227
Gebutterte Flusskrebse mit Cheddarkäse-Maisbrei 223
Hominy-Bohnen-Eintopf mit geräuchertem Haxenfleisch 227
In Honig gerösteter Kürbis mit Pilzen in brauner Butter 225
»Livermush«-Brötchen mit eingelegten Zwiebeln und Pilzen 221
Grüne Pfeffersauce 177
Grünes Harissa 50

H

Haatuft, Christopher 122, 124, 129
Handgetauchte Jakobsmuscheln mit Aquavit-Algen-Buttersauce und Schalotten-Vinaigrette 132
Harissa
Harissa-Sauce 53
Rinderschmortopf mit Kichererbsen, Oliven und grünem Harissa 50
Hawaii 86–101
Gegrillte Languste mit schwarzer Bohnensauce, Pohole und Seeigel-Rogen 99

Hirschrückensteak vom Grill hawaiianische Art mit Ananas-Chili-Glasur 101
Poi-Nacotta mit Kokossahne und Kukui-Nuss-Streuseln 97
Shepherd's Pie vom Hirsch mit Brotfruchtpüree und Biersauce 100
Hilmarsson, Sigurður Rafn 171
Hirschrückensteak vom Grill hawaiianische Art mit Ananas-Chili-Glasur 101
Hominy-Bohnen-Eintopf mit geräuchertem Haxenfleisch 227
Huhu-Raupen 75
Hummer 195, 196
Hummer-Muschel-Bouillabaisse 207
Hummer-Thermidor 208

I

In Honig gerösteter Kürbis mit Pilzen in brauner Butter 225
Indien 134–147
Gewürz-Reispudding mit Kardamom, Lorbeer und Kaffeelikör 147
Pandi-Curry nach Coorg-Art 144
Island 162–177
Gegrillter Lachs mit Brenivin-Buttersauce 175
Kammmuscheln aus der Pfanne mit eingelegtem Rhabarber und Apfelsalat 173
Lamm mit Kräuterkruste, Bratkartoffeln und Pilzen 176
Roggenbrot 171

J

Jakobsmuscheln 127
Fischsuppe mit Muscheln (Chowder) 131
Handgetauchte Jakobsmuscheln mit Aquavit-Algen-Buttersauce und Schalotten-Vinaigrette 132
Jurassic Coast (England) 260–275
Gin-pochierte Austern mit Algen-Tagliatelle und Kaviar 271
Pochierter Hummer mit Buttersauce, Ofenkartoffeln und eingelegtem Gemüse 272
Stubenküken vom Grill mit Algen-Pesto und Mozzarella-Creme 275

K

Kaanache, Najat 44
Kaffee-gewürzte Schweineschulter mit Süßkartoffel und Yuca 241
Kaisergranat vom Grill mit gebeizten Kiefernsprossen und Kaviar 129
Kaktuswurm 33
Kamelfleisch 45
Kamille-Rauchsalz 37
Kammmuscheln 170
Kammmuscheln aus der Pfanne mit eingelegtem Rhabarber und Apfelsalat 173
Karotten
Chakalaka 115
Marokkanische Harissa-Karotten 53
Pochierter Hummer mit Buttersauce, Ofenkartoffeln und eingelegtem Gemüse 272
Kartoffeln 27, 28, 32
Gebutterte Flusskrebse mit Cheddarkäse-Maisbrei 223
Hummer-Muschel-Bouillabaisse 207
Kartoffeln und Pilze 177
Manuels Kartoffeln mit Honig und Queso Fresco 34
Porco à Alentejana mit Muscheln und Kirschtomaten 191
Käse
Gebutterte Flusskrebse mit Cheddarkäse-Maisbrei 223

Stubenküken vom Grill mit Algen-Pesto und Mozzarella-Creme 275
Kelly, Melissa 196, 198
Kichererbsen
Rinderschmortopf mit Kichererbsen, Oliven und grünem Harissa 50
Kiefernsprossenbutter 129
Kokossahne 97
Kräutersalat 175
Kroatien 148–161
Schwarzer Risotto mit gegrilltem Tintenfisch 161
Trüffel-Pljukanci 159
Kürbis
In Honig gerösteter Kürbis mit Pilzen in brauner Butter 225

L

Lamm mit Kräuterkruste, Bratkartoffeln und Pilzen 176
Laos 56–69
Red Snapper mit Zucchiniblüten-Tempura, Klebreis und Chili-Dip 66
Süßsaure Welssuppe 69
Lardy Cake 269
»Livermush«-Brötchen mit eingelegten Zwiebeln und Pilzen 221
León, Jorge 251

M

Maine 192–209
Austern à la Rockefeller 205
Gegrillter Thunfisch und Austern-Aioli 203
Hummer-Muschel-Bouillabaisse 207
Hummer-Thermidor 208
Mais 28, 214
Gebutterte Flusskrebse mit Cheddarkäse-Maisbrei 223
Hominy-Bohnen-Eintopf mit geräuchertem Haxenfleisch 227
Mango 33
Gegrilltes Schweinefilet mit Pisco, Mango-Gastrique und Kamille-Rauchsalz 37
Mango-Gastrique 37
Red Snapper Ceviche mit Avocado 239
Manuels Kartoffeln mit Honig und Queso Fresco 34
Marokkanische Harissa-Karotten 53
Marokko 40–55
Marokkanische Harissa-Karotten 53
Rinderschmortopf mit Kichererbsen, Oliven und grünem Harissa 50
Wildpilz-Medfouna 54
Martins, Miko 182
Masala-Paste 145
Masala-Pulver 145
Meeralgenbutter 208
Meerschweinchen 24, 32
Mexiko 244–259
Mole Coloradito 257
Garnelen-Tostadas mit Mole Verde 258
Geschmortes Schweinefleisch und mit Mole gefüllte Chiles Rellenos 254
Mezcal 253
Mojo Rojo 243
Mole 248
Mole Coloradito 257
Mole Verde 259
Mozzarella
Stubenküken vom Grill mit Algen-Pesto und Mozzarella-Creme 275

N

Nene, Zola 106, 109, 115
Neuseeland 70–85
Gedämpfter Karamellkuchen 83
Geschmorte Keule und Schulter von der Ziege mit Fuchsienbeeren-Chutney 80

Süßkartoffel-Fladenbrot mit Koriander 85
Ngeuamboupha, Joy 60
Norwegen 118–133
Fischsuppe mit Muscheln (Chowder) 131
Handgetauchte Jakobsmuscheln mit Aquavit-Algen-Buttersauce und Schalotten-Vinaigrette 132
Kaisergranat vom Grill mit gebeizten Kiefernsprossen und Kaviar 129

O

Ofenkartoffeln 272
Oliven
Rinderschmortopf mit Kichererbsen, Oliven und grünem Harissa 50
Olivenöl 49, 154

P

Pandi-Curry nach Coorg-Art 142, 144
Paprika
Chakalaka 115
Geschmortes Schweinefleisch und mit Mole gefüllte Chiles Rellenos 254
Porco à Alentejana mit Muscheln und Kirschtomaten 191
Red Snapper vom Grill mit Mojo Rojo 242
Pasta
Gin-pochierte Austern mit Algen-Tagliatelle und Kaviar 271
Trüffel-Pljukanci 159
Paua-Muscheln 75
Pelepele-Marinade 106, 113
Peru 24–39
Gegrilltes Schweinefilet mit Pisco, Mango-Gastrique und Kamille-Rauchsalz 37
Manuels Kartoffeln mit Honig und Queso Fresco 34
Rinderfilet-Anticuchos mit Quinoa 39
Pilze 44, 46
In Honig gerösteter Kürbis mit Pilzen in brauner Butter 225
Kartoffeln und Pilze 177
»Livermush«-Brötchen mit eingelegten Zwiebeln und Pilzen 221
Wildpilz-Medfouna 54
Pilze in brauner Butter 225
Pochierter Hummer mit Buttersauce, Ofenkartoffeln und eingelegtem Gemüse 272
Pohole (Farnspitzen) 99
Poi-Nacotta mit Kokossahne und 97
Porco à Alentejana mit Muscheln und Kirschtomaten 191
Portugal 178–191
Gegrillte Sardinen 189
Porco à Alentejana mit Muscheln und Kirschtomaten 191
Puerto Rico 228–243
Kaffee-gewürzte Schweineschulter mit Süßkartoffel und Yuca 241
Red Snapper Ceviche mit Avocado 239
Red Snapper vom Grill mit Mojo Rojo 242

Q

Quinoa
Rinderfilet-Anticuchos mit Quinoa 39

R

Ras el-Hanout 45
Wildpilz-Medfouna 54
Red Snapper mit Zucchiniblüten-Tempura, Klebreis und Chili-Dip 66
Red Snapper vom Braai mit Affenorangen-Chutney 117
Red Snapper vom Grill mit Mojo Rojo 242
Red Snapper Ceviche mit Avocado 239

Reis 61, 66
Gewürz-Reispudding mit Kardamom, Lorbeer und Kaffeelikör 147
Schwarzer Risotto mit gegrilltem Tintenfisch 161
Reisschnaps 64
Rinderfilet-Anticuchos mit Quinoa 39
Rinderschmortopf mit Kichererbsen, Oliven und grünem Harissa 50
Rindfleisch
Rinderfilet-Anticuchos mit Quinoa 39
Rinderschmortopf mit Kichererbsen, Oliven und grünem Harissa 50
T-Bone-Steaks vom Braai 113
Roggenbrot 171
Rosa, Draco 234
Rotkohlsalat 208

S

Salat
Apfelsalat 173
Kräutersalat 175
Rotkohlsalat 208
Sardinen 182
Schwarze Bohnensauce 99
Schwarzer Risotto mit gegrilltem Tintenfisch 161
Schweinefleisch 137
Gegrilltes Schweinefilet mit Pisco, Mango-Gastrique und Kamille-Rauchsalz 37
Geschmortes Schweinefleisch und mit Mole gefüllte Chiles Rellenos 254
Hominy-Bohnen-Eintopf mit geräuchertem Haxenfleisch 227
Kaffee-gewürzte Schweineschulter mit Süßkartoffel und Yuca 241
Pandi-Curry nach Coorg-Art 144
Shepherd's Pie vom Hirsch mit Brotfruchtpüree und Biersauce 100
Simeon, Sheldon 90, 92
Skoko, David 152
Spinat
Austern à la Rockefeller 205
Sternfrucht 95
Stubenküken vom Grill mit Algen-Pesto und Mozzarella-Creme 275
Südafrika 102–117
Chakalaka 115
Red Snapper vom Braai mit Affenorangen-Chutney 117
T-Bone-Steaks vom Braai 113
Süßes
Gedämpfter Karamellkuchen 83
Gewürz-Reispudding mit Kardamom, Lorbeer und Kaffeelikör 147
Poi-Nacotta mit Kokossahne und Kukui-Nuss-Streuseln 97
Süßkartoffel und Yuca 241
Süßkartoffel-Fladenbrot mit Koriander 85
Süßsaure Welssuppe 69

T

Tamarinde
Süßsaure Welssuppe 69
T-Bone-Steaks vom Braai 113
Tomaten
Chakalaka 115
Gegrillter Thunfisch und Austern-Aioli 203
Hummer-Muschel-Bouillabaisse 207
Porco à Alentejana mit Muscheln und Kirschtomaten 191
Red Snapper vom Grill mit Mojo Rojo 242
Tomaten-Öl 275
Ushatini-Salsa 117
Trüffel 154, 156
Wildpilz-Medfouna 54
Trüffel-Pljukanci 159

U

Uni (Seeigel-Rogen) 99
Ushatini-Salsa 117

V

Véliz, Virgilio Martínez 28, 30

W

Wasserbrotwurzel 90, 95, 97
Weberameisen 143
Wildfleisch 91
  Hirschrückensteak vom Grill hawaiianische Art mit Ananas-Chili-Glasur 101
  Shepherd's Pie vom Hirsch mit Brotfruchtpüree und Biersauce 100
Wildpilz-Medfouna 54

Z

Ziegenfleisch
  Geschmorte Keule und Schulter von der Ziege mit Fuchsienbeeren-Chutney 80
Zucchiniblüten-Tempura 66
Zwiebeln
  Chakalaka 115
  Chili-Zwiebel 259
  Pandi-Curry nach Coorg-Art 142, 144

ÜBER DEN AUTOR

In Schottland geboren, wuchs Gordon Ramsay im englischen Stratford-upon-Avon auf und wollte ursprünglich Profifußballer werden. Als jedoch eine Verletzung alle Hoffnungen auf eine vielversprechende Karriere auf dem Spielfeld vorzeitig beendete, ging Ramsay zurück aufs College, um einen Kurs in Hotelmanagement zu absolvieren. Sein Engagement und sein Talent führten dazu, dass er bei einigen der weltweit führenden Köche in die Lehre ging.

Heute ist Ramsay international bekannt, besitzt sieben Michelin-Sterne und hat weltweit 34 Restaurants eröffnet, darunter in Europa, den Vereinigten Staaten, Asien und im Nahen Osten. Er wurde außerdem als Fernsehmoderator für den Emmy nominiert und ist Star von Erfolgsserien in den USA und im Vereinigten Königreich, darunter National Geographics *Gordon Ramsay: Uncharted* sowie *Next Level Chef* und *MasterChef*.

Ramsay ist begeisterter Triathlet und lebt mit seiner Frau Tana und seinen fünf Kindern Megan, Jack, Holly, Tilly und Oscar zusammen. Er verbringt seine Zeit abwechselnd in London, Los Angeles und Cornwall.

Gordon Ramsey in seinem Element: Frische Zutaten an der frischen Luft machen den Koch glücklich.

IMPRESSUM

Titel der Originalausgabe:
Gordon Ramsay's Uncharted. A Culinary Adventure with 60 recipes from around the globe.
Erschienen bei National Geographic Partners, LLC1145 17th Street NW Washington, DC 20036

Für die deutsche Ausgabe:
Verantwortlich: Susanne Caesar
Lektorat: DR. GAbriele Kalmbach
Produktion und Satz: Akademischer Verlagsservice Gunnar Musan
Übersetzung aus dem Amerikanischen: Regina M. Schneider
Umschlagadaption: Regina Degenkolbe
Korrektorat: Asta Machat, München
Printed in Turkey by Elma Basim
Elma Basim Yayin ve Iletisim Hizmetleri

Unser komplettes Programm finden Sie unter: www.christian-verlag.de

★★★★★

Sind Sie mit diesem Titel zufrieden? Dann würden wir uns über Ihre Weiterempfehlung freuen.
Erzählen Sie es im Freundeskreis, berichten Sie Ihrem Buchhändler oder bewerten Sie bei Onlinekauf.
Und wenn Sie Kritik, Korrekturen, Aktualisierungen haben, freuen wir uns über Ihre Nachricht an:
Christian Verlag GmbH, Postfach 40 02 09, D-80702 München oder per E-Mail an lektorat@verlagshaus.de

In diesem Buch wird aus Gründen der besseren Lesbarkeit das generische Maskulinum verwendet. Weibliche und anderweitige Geschlechteridentitäten werden dabei ausdrücklich mitgemeint, soweit es für die Aussage erforderlich ist.

Die Deutsche Nationalbibliothek verzeichnet diese Publikation in der Deutschen Nationalbibliografie; detaillierte bibliografische Daten sind im Internet über http://d nb.de abrufbar.

ISBN 978-3-95961-782-6